Ilse Achilles

Was macht Ihr Sohn denn da?

Geistige Behinderung und Sexualität

Mit einem Vorwort von
Joachim Walter

Aktualisierte Neuausgabe

Piper München Zürich

Redaktion: Ingrid Veblé-Weigel

Von Ilse Achilles liegt in der Serie Piper außerdem vor:
»... und um mich kümmert sich keiner« (2198)

Aktualisierte Taschenbuchausgabe
März 1998
© 1990 Piper Verlag GmbH, München
Umschlag: Büro Hamburg
Simone Leitenberger, Susanne Schmitt, Annette Hartwig
Umschlagabbildung: R. B. Kitaj (»An Early Europe«,
Foto von Nicklaus Strauss, © VG Bild-Kunst, Bonn 1998)
Foto Umschlagrückseite: Aldo Acquadro, München
Gesamtherstellung: Clausen & Bosse, Leck
Printed in Germany   ISBN 3-492-22566-7

Für Miriam, Anya und Yassin

Inhalt

Zum Geleit

Viele Eltern und Betreuer geistig behinderter Kinder und Jugendlicher versuchen, die Probleme mit der Sexualität ihrer behinderten Angehörigen zu Hause, ohne hilfreiche Fachberatung zu lösen. Und damit sind sie oft überfordert. Die Problematik der Sexualität geistig behinderter Menschen liegt im allgemeinen weit weniger in der Behinderung, sie liegt in den Ängsten und Unsicherheiten der Betreuer und den oft falschen pädagogischen Konsequenzen, die diese aus sexuellen Äußerungen und Wünschen geistig behinderter Menschen ziehen. Denn mit der Diagnose »geistig behindert« ist für viele die Vorstellung von lebenslanger Unreife, von Ehelosigkeit verbunden; verbreitet ist die Annahme, geistig behinderte Menschen hätten keine oder allenfalls eine kindliche Sexualität und unterhielten deshalb »Kinderfreundschaften«.

Die sexualbiologische Entwicklung geistig behinderter Kinder und Jugendlicher verläuft jedoch bis auf wenige Ausnahmen altersgemäß und unabhängig von der Intelligenzminderung. Das »Sexualalter« entspricht weitgehend dem Lebensalter, und die sexuelle Triebdynamik liegt im Normbereich nichtbehinderter Mitmenschen. Manche sexuellen Verhaltensauffälligkeiten verschwinden oder werden »normalisiert«, wenn die Bezugspersonen »normal« reagieren und die häufig vermißte Interaktion mit Gleichaltrigen auch des anderen Geschlechts erlaubt wird.

Obendrein sind geistig behinderte Kinder und Jugendliche im Regelfall sexualpädagogisch zugänglich, wenn dies in der ihnen gemäßen Art und Weise geschieht. Einmalige »Aufklärung« über biologische Zeugungsvorgänge ist pädagogisch wenig hilfreich, da nur ständig übendes Wiederholen auch zu Verhaltensstabilität führen wird – ein längst bekannter sonderpädagogischer Grundsatz. Aber wie gehe ich dann vor?

Das vorliegende Buch bietet als Ratgeber wertvolle Anregungen, ohne Rezepte zu verteilen, die es im pädagogischen Alltag ohnehin nicht geben kann.

Ilse Achilles gelingt es sehr anschaulich, typische Alltagssituationen zu schildern. Sie benennt oft peinlich verschwiegene Probleme und gibt Antworten auf viele sexualpädagogische Alltagsfragen der Eltern und Betreuer. In Interviews mit geistig behinderten Menschen, deren Geschwistern und Betreuern, sowie verschiedenen Experten hat die Autorin eine Fülle von Sachinformationen zusammengetragen.

Am vollen Leben Anteil haben – das ist das Integrationsziel, das wohl alle Eltern, Betreuer und Fachleute den behinderten Menschen ohne Abstriche zuerkennen. Doch wie steht es um den zentralen Lebensbereich der Sexualität? Hier leistet Ilse Achilles mit ihrem Buch einen wichtigen Beitrag, denn sie ermutigt zu mehr Lebensqualität aufgrund größerer Sicherheit im Umgang mit den Fragen der Sexualität geistig behinderter Menschen.

Freiburg, i. Br., im Herbst 1997   Prof. Dr. Joachim Walter

1. Ich brauche Hilfe

Mit der einen Hand hielt ich mich am Rand des Schwimmbeckens fest. Mit der anderen klopfte ich mir das Wasser aus dem Ohr. Der Bademeister kam auf mich zu und beugte sich zu mir herunter.

»Ist der große Junge dahinten Ihr Sohn?«

»Ja, warum?«

»Auf den müssen Sie mal ein bißchen besser aufpassen. Wissen Sie überhaupt, was Ihr Sohn da macht? Der zieht sich die Badehose runter und fummelt an sich rum. Die anderen Kinder schauen alle schon. Das geht doch nicht. Das müssen Sie doch verstehen!«

Ich verstand. Und wäre am liebsten sofort untergetaucht und nie wieder an die Wasseroberfläche gekommen.

»Ja, natürlich«, stotterte ich, »aber wissen Sie, mein Sohn, der meint das nicht so. Er ist nämlich geistig behindert.«

Kaum war der Satz raus, ärgerte ich mich. Denn der Bademeister nickte. Für ihn war die Welt jetzt fast wieder in Ordnung. Geistig behindert – ach so, na ja denn ...

»Geistige Behinderung« und »Sexualität« sind zwei Bereiche im menschlichen Zusammenleben, die trotz vieler Aufklärungskampagnen irgendwie anrüchig, geheimnisumwittert geblieben sind – was kein Wunder ist. Denn über die vielen komplizierten Verästelungen geistiger Behinderungen weiß ein »normaler« Mensch ebenso wenig wie über die zahlreichen Spielarten der Sexualität. Geistig behindert – das wird leicht mit dumpf, unberechenbar, triebhaft assoziiert. Stellt man sich diese Eigenschaften im Zusammenhang mit Sexualität vor, mit Liebe, Lust, Leidenschaft, Geilheit, kann man schnell ins Gruseln kommen.

Aber nur ins Gruseln, bitte schön. Die ganzen Einzelheiten, wie denn nun ein geistig behinderter Mensch mit seinen Gefühlen, mit seinem Wunsch nach Zärtlichkeit, mit seiner Sexualität zurechtkommt – ob er's macht, wie er's macht, wo er's macht – das will doch keiner so genau wissen. Oder?

Doch. Leute wie ich wollen das wissen. Leute wie ich, die ein geistig behindertes Kind haben. Wir haben in langen Jahren, unterstützt durch Therapeuten, Psychologen, Pädagogen gelernt, mit unserem Kind zurechtzukommen. Wir kennen unsere Tochter, unseren Sohn, erwarten keine Wunder mehr, freuen uns über jeden kleinen Fortschritt in der Entwicklung. Wir erziehen unser Kind zur Selbständigkeit. Und wenn es sich mal besonders ungeschickt anstellt, können wir sogar darüber lachen.

Doch dann wird alles anders. Nichts läuft mehr so wie geübt, wie gewohnt. Das Kind ist in der Pubertät. Diese Zeit ist auch für Eltern nichtbehinderter Kinder eine Phase voller Frust, Enttäuschungen, Auseinandersetzungen – wegen der schrillen Kleidung, der Frisur, den nachlassenden Leistungen in der Schule, wegen Unordentlichkeit und Rücksichtslosigkeit. Mit diesen Schwierigkeiten haben die Eltern geistig behinderter Jugendlicher auch zu kämpfen. Dazu kommt aber noch mindestens eine weitere Sorge: daß die Kinder sich in der Öffentlichkeit sexuell auffällig verhalten – weil sie weniger schamhaft, weniger zurückhaltend, zu gefühlvoll sind.

Ich gehe mit Michael, meinem Sohn, seit rund 14 Jahren schwimmen. Er ist jetzt 15. Seit drei Jahren etwa zieht er sich in den Männerkabinen selbständig um, schließt seine Sachen ein, merkt sich die Nummer des Schrankes, paßt auf seinen Schlüssel auf, geht allein zum Duschen. Wir finden das beide toll. Michael lernte erst mit zwei Jahren laufen. Er hatte eine cerebrale Bewegungsstörung (Ursache unbekannt), die wir durch intensives Bobath-Turnen mildern konnten. Michael rennt, klettert, schwimmt, radelt seit langem.

Geistig aber hat er nicht so gut aufgeholt. Michael kann nicht lesen, schreiben, rechnen. Er spricht in einfachen Sätzen. Seine Aussprache ist undeutlich. Immerhin hat Michael in den letzten Jahren das selbständige Einkaufen, das Telefonieren und das Fahren mit öffentlichen Verkehrsmitteln gelernt. Und Eierkuchen backen und Teekochen kann er auch. Wir beide leben allein. Wir kommen gut miteinander aus.

Bis zu jenem Tag im Schwimmbad. Damals, es ist etwa sechs Monate her, habe ich versucht, mich so vernünftig wie möglich zu verhalten. Also: Keine Panik! Michael hockte mit ordnungsgemäß sitzender Badehose wieder auf unserem Handtuch. Ich schwamm die Runden, die ich mir vorgenommen hatte, zu Ende. Erst hinterher, im Auto, habe ich ihn ins Gebet genommen. »Das kannst du doch nicht machen«, habe ich ihm gesagt. »Der Bademeister regt sich auf, alle Leute regen sich auf, und ich schäme mich. Es ist verboten, das Glied in aller Öffentlichkeit zu zeigen. Zu Hause kannst du schon mal nackt rumlaufen, da sind wir privat. Aber überall, wo andere Menschen sind, mußt du die Hose anbehalten. Männer, die ihr Glied herzeigen, werden von der Polizei verhaftet und kommen ins Gefängnis.«

Zugegeben, pädagogisch und psychologisch wertvoll mag eine solche Rede nicht sein. Aber woher soll ich denn wissen, wie ich meinem Sohn angepaßtes Sexualverhalten beibringe? Ich mache es also erst einmal so, wie ich es für richtig halte, auch wenn es nach Expertenmeinung vielleicht falsch ist. »Und wenn dein Glied steif wird, dann halte dir ein Handtuch vor die Badehose. Oder gehe vorsichtig und unauffällig ins Wasser«, habe ich noch aus dem dürftigen Schatz meiner Erfahrungen hinzugefügt. Was weiß denn ich über den männlichen Sexualtrieb?

Herzlich wenig – das sollte sich ein paar Wochen später herausstellen. Michael kam vom Radeln zurück, goß sich ein Glas Milch ein, lehnte sich neben mich an den Küchenschrank und sagte:»Mama, der Mann hatte aber einen riesengroßen, roten Zipfel.« Ach, du meine Güte!

Michael kann Ereignisse nicht von vorne bis hinten erzählen. Man muß ihn ausfragen, Stück für Stück. Das tat ich nun ziemlich vorsichtig.

Die Geschichte war wohl so: Michael war mit seinem ganzen Stolz, einem nagelneuen Rad, zu einer Tankstelle bei uns in der Nähe gefahren und hatte dort in der Waschstraße zugeschaut. Er kam mit einem Mann ins Gespräch, der einen weißen VW-Golf (»... mit Dachgepäckträger, Mama!«) wusch. Der Mann lud ihn zu einer Spazierfahrt im Golf ein. Michael ließ das nagelneue Fahrrad stehen und stieg ein. Der Mann fuhr in das nächste stille Sträßchen, holte aus einer blauen Unterhose eben jenen roten Zipfel.

»Ja, und dann?« fragte ich.

»Dann sind wir noch weiter gefahren. Und dann wollte ich wieder zu meinem Rad und da hat mich der Mann wieder zur Tankstelle zurückgebracht.«

»Wie sah der Mann denn aus?«

»Schön. Und nett war er auch.«

»Was hat er dir denn versprochen dafür, daß du mit ihm ins Auto steigst?«

»Nichts.«

»Hattest du denn keine Angst? Du guckst doch immerzu Fernsehen, siehst, daß Leute in Autos geschlagen oder sogar umgebracht werden.«

»Nein, ich hatte keine Angst.«

So. Alles, was ich meinem Sohn seit Kindesbeinen beigebracht hatte, war im kritischen Moment für die Katz gewesen.

Ich konnte mich auf meinen Sohn nicht mehr verlassen. Ich wagte mir gar nicht vorzustellen, in welche Situationen

er – aktiv oder passiv – in den Männerduschen im Schwimmbad geraten könnte. Ob er vielleicht auch in der U-Bahn die
Hose aufknöpft, wenn ihm danach ist? Morgens im Bett
onaniert er. Das habe ich bemerkt. Soll ich die Selbstbefriedigung verbieten? Soll ich ihm zeigen, wie es schneller und
besser geht?

Ich beschloß, mir Fachliteratur zu besorgen. Und ich bat
um einen Termin beim Schulpsychologen. Ich brauchte
Hilfe.

Um es kurz zu machen: Ich fand eine Menge Bücher zum
Thema »Sexualität geistig Behinderter«, überwiegend Fach-
bücher[1]. Sie richten sich an Fachleute, an Psychologen,
Ärzte, Juristen, Erzieher. Einen Ratgeber für mich, die betroffene Mutter mit neu aufgetauchten Erziehungsproble-
men, fand ich nicht. Auch das Gespräch mit dem Schulpsychologen half mir nicht weiter. Es machte mich nur noch
ratloser und vor allem wütend.

Ich erzählte von dem Vorfall im Schwimmbad, ich schil-
derte mein Entsetzen, als ich erfuhr, daß Michael zu einem
fremden Mann ins Auto gestiegen war. Und ich fragte, wie
ich mich verhalten sollte. Mehr Kontrolle? Oder noch mehr
lange Leine, um Michael die Chance zu geben, Erfahrungen
zu machen und aus diesen Erfahrungen zu lernen? Mußte
ich Michael zu mehr Vorsicht und Schamgefühl erziehen?
Und wenn ja – wie? Soll ich ihn bremsen, wenn er morgens
nackt in die Küche gelaufen kommt und mit beachtlicher
Koketterie in der Stimme ruft: »Mama, gib mir Sachen, ich
habe nichts anzuziehen.«

Ich erwartete wirklich keine Patentrezepte. Daß es die
nicht gibt, weiß ich. Aber irgendeinen Hinweis, eine Erklärung hatte ich mir doch erhofft. Der Schulpsychologe, ein
etwa 35jähriger Mann, Vater zweier kleiner Kinder, hörte
sich meine Geschichten an – nach bester Psychologen-Ma-

1 Siehe auch Literaturliste S. 58 und 145

nier. Das heißt: Er selbst sagte zum Thema nichts, sondern fragte bei mir nach. Etwa so:

Ich: Jetzt, wo Michael in der Pubertät ist, kann ich mich auf ihn nicht mehr verlassen. Das macht mich sehr unsicher.
Psychologe: Es stört Sie also, daß Ihr Sohn jetzt in der Pubertät ist, also einen Sexualtrieb entwickelt?
Ich: Daß mein Sohn körperlich erwachsen wird, stört mich überhaupt nicht. Ich weiß bloß nicht, wie ich jetzt mit ihm umgehen soll.
Psychologe: Es wäre Ihnen lieber, es bliebe alles unverändert, so wie Sie es gewohnt sind?
Ich: Ganz und gar nicht. Ich will ja, daß mein Sohn sich weiterentwickelt.
Psychologe: Er entwickelt sich ja weiter. Aber mit dieser Entwicklung scheinen Sie Ihre Schwierigkeiten zu haben. Fürchten Sie, daß Ihr Sohn sich von Ihnen weg entwickelt?
Ich: Nein, manchmal glaube ich, er entwickelt sich jetzt gerade hin zu mir. An manchen Tagen steht er immerzu hinter mir rum, umarmt mich, legt mir die Hand auf die Brust, streichelt mir über den Po. Ich muß mich richtig gegen ihn wehren.
Psychologe: Die Zärtlichkeiten Ihres Sohnes sind Ihnen also unangenehm?
Ich: Ja, wenn die Zärtlichkeiten so eindeutig sexuell ausgerichtet sind, dann stört mich das.
Psychologe: Sie mögen also nicht, daß Ihr Sohn sexuelle Empfindungen hat und sie zeigt?

So drehte sich unser Gespräch über eine Stunde lang im Kreise. Antworten auf meine Fragen konnte er mir nicht geben. Und seine Nachfragen brachten bei mir auch keinen Klärungsprozeß in Gang. Ich wußte genau, was ich wissen wollte. Mir schien, der Psychologe hatte eine festgefahrene

Meinung und die lautete: Nicht der Heranwachsende hat die Probleme, sondern die Eltern. Denn die sind verklemmt und haben von Sexualerziehung keine Ahnung. Sie sind nicht in der Lage, einem Jugendlichen durch die schwierige Phase der Pubertät zu helfen, einem behinderten Jugendlichen schon gar nicht. Diese Eltern hätten am liebsten, daß ihr Kind immer Kind bleibt, denn mit diesem Kind haben sie umzugehen gelernt, da haben sie ihre bescheidenen Erfolgserlebnisse und die wollen sie behalten.

Ich fand in einem der Bücher,[2] die ich gekauft hatte, den Satz: »Auch das geistig behinderte Kind muß sich, will es in irgendeiner Weise erwachsen werden und nicht ständig in seiner kindlichen Abhängigkeit von den Eltern weiterleben, von diesen lösen. Gegen eine solche Lösung wehrt sich nicht nur das geistig behinderte Kind, das inzwischen zum Jugendlichen geworden ist und das sich gern noch weiter verwöhnen und versorgen lassen möchte, sondern auch die Eltern, die in der Betreuung ihres behinderten Kindes vielfach eine sie erfüllende Lebensaufgabe gefunden haben, auf die sie nicht mehr verzichten zu können glauben.«

In diesem Sinne sprach auch der Schulpsychologe mit mir. Wie Käsebröckchen in einer Mausefalle schob er mir immer wieder Fragen zu, die ihm bestätigen sollten, daß ich mein geistig behindertes Kind im Zustand des Kindseins behalten wollte, weil mir sonst meine Lebensaufgabe abhanden käme.

Auf diese Schiene lasse ich mich nicht schieben. Ich habe durch den Kindergarten, durch die Schule, durch den »Lebenshilfe«-Club, den mein Sohn besucht, Eltern kennengelernt, die alles tun, um ihr Kind in der Pubertät abzunabeln,

2 Reinhart Lempp, »Pubertät und Adoleszenz beim geistig behinderten Menschen« in: *Sexualität und geistige Behinderung*, hrsg. von Joachim Walter, Edition Schindele, Heidelberg 1983, Seite 174

so klug und geschickt es geht. Ich freue mich heute schon darauf, daß mein Sohn eines Tages auszieht (wie ich das von einem nichtbehinderten Sohn auch erwarten würde). Ich möchte Michael fest und sicher auf eigene Beine stellen – soweit das eben möglich ist. Und die Eltern, die ich kenne, mit denen ich auf Elternabenden immer wieder diskutiert habe, die wollen das auch. Wir fahren in Einrichtungen, Wohnheime für Behinderte, sehen uns dort um, fragen, wie unsere Söhne und Töchter dort leben würden. Können Sie mit einem Freund, einer Freundin zusammenziehen? Wie sehr werden sie dort zur Selbständigkeit ermutigt?

Ich weiß: Natürlich gibt es Eltern behinderter Kinder, die so daran gewöhnt sind, sie zu betreuen und zu bedienen, daß sie noch dem 18jährigen helfen, den Deckel vom Joghurtbecher zu ziehen, den Reißverschluß am Anorak zu schließen, obwohl der Jugendliche das alles gut selber kann. Er macht's halt nur langsamer und ein bißchen ungeschickt. Für alle Eltern, für die, die ihre Kinder bewußt zur Selbständigkeit erziehen und auch für die, die ihre Kinder unbewußt hilfloser machen als sie sind, ist die Pubertät eine schwierige Zeit. Und die Heranwachsenden empfinden das ebenso.

Wenn man weiß, wie andere mit ihren Problemen fertig werden, wo ihre Schwierigkeiten liegen, kann man mit den eigenen meistens besser umgehen.

Ich hörte mich um im Bekanntenkreis.

2. »Die sexuelle Not meines Kindes ist auch meine Not.«
Protokolle

Thomas, 15 Jahre

Die Ursache seiner geistigen Behinderung ist nicht bekannt. Thomas ist ein langer, schlanker Junge, der nicht behindert aussieht. Er kann etwas lesen und schreiben, wirkt selbständig und selbstbewußt. Seine Mutter ist 50, sein Vater 60 Jahre alt.

Die Mutter erzählt:

»Wenn ich meinen Mann frage, wie er seine Pubertät erlebt hat, bekomme ich immer dasselbe zu hören: Das waren andere Zeiten damals. Er war bei der Hitler-Jugend und dann beim Arbeitsdienst. Wenn man meinem Mann glauben darf, gab es damals keine Pubertät. Die Jungen waren alle eines Tages Männer.

Ich habe mir um Thomas' Entwicklung bisher immer nur die normalen Sorgen gemacht. Was kann er lernen, wie wird er selbständig, wie finde ich die richtige Werkstatt für ihn, kann er später vielleicht sogar in irgendeinem Job arbeiten?

Bei all diesen Problemen ist mein Mann übrigens eine große Hilfe. Er ist im Elternbeirat und kennt sich in all diesen wichtigen Fragen besser aus als ich. Bloß bei der Pubertät, da stehe ich ziemlich allein.

Daß das mit der Pubertät überhaupt losging, habe ich gemerkt, als Thomas von einer Klassenreise zurückkam. Da wollte er immerzu Klaus, einen Klassenkameraden, mit dem er und noch andere Jungen in einem Zimmer geschlafen hatte, anrufen. Wir sind mit den Eltern dieses Klassenkameraden befreundet. Also half ich Thomas, Klaus' Nummer zu wählen. Aber Klaus war nicht da. Und einmal war

Klaus' Mutter dran und sagte, daß Klaus nicht mit Thomas sprechen wollte. Und sie sagte mir auch, warum. Klaus sei mit einem roten, wunden Glied von der Reise zurückgekommen. Unser Sohn und noch ein Junge aus der Klasse hätten an Klaus' Glied ziemlich drastisch herummanipuliert.

Ich fiel aus allen Wolken. Klar, ich weiß ganz genau, daß Thomas äußerst interessiert hinschaut, wenn er mich oder meinen Mann nackt sieht. Mir ist auch schon aufgefallen, daß er besonders gern zuguckt, wenn Babys – und gerade kleine Jungen – gewindelt werden. Aber das ist doch alles normal. Daß Thomas am Glied seines Klassenkameraden herumspielt und ihm dabei wohl weh getan hat, war schlimm für mich. Wir haben die Flucht nach vorn angetreten und die ganze Angelegenheit auf der Elternversammlung zur Sprache gebracht. Mein Mann wollte das natürlich nicht, aber mir ging's darum, zu erfahren, wie so etwas überhaupt möglich ist – bei acht Kindern, einer Lehrerin und zwei Assistentinnen. Da muß so ein Vorfall doch bemerkt werden.

Was ich erfuhr, war, daß solche sexuellen Spielchen wohl durchaus zum Schulalltag gehören. Im Klassenraum gibt es eine Kuschelecke. Dorthin kann sich jeder, der das Bedürfnis hat, zurückziehen. ›Und manchmal kommt ein Junge eben mit einem Fleck an der Hose an‹, sagt die Lehrerin. Das heißt, er hat im Klassenzimmer in der Kuschelecke onaniert. Und die Lehrerin findet das in Ordnung.

Ich kann das nicht verstehen. Es heißt doch, daß wir unsere behinderten Kinder so normal wie möglich erziehen wollen. In welcher Real- oder Oberschule gibt es denn eine Kuschelecke zum Onanieren? Gerade weil unsere Kinder von sich aus viele Grenzen nicht erkennen können, müssen wir ihnen genaue Regeln vorgeben, ihnen sagen, wo sie was tun dürfen und wo nicht.

Ich habe diesen Standpunkt auf dem Elternabend sehr entschieden vertreten – und ich stand allein. Das Klassenzimmer sei den Schülern so vertraut wie ein zweites Zuhause, hieß es. Und diese kleinen Freiheiten müsse man ihnen schon lassen. Ich glaube, daß alle Anwesenden, mein Mann mal ausgenommen, mich für sittenstreng und engstirnig hielten. Das bin ich aber gar nicht. Ich möchte unseren Sohn so lebenstüchtig wie möglich erziehen. Er soll nicht mehr als unvermeidlich Außenseiter sein, er soll nicht anekken. Er muß die Regeln also ganz genau kennen.

Was mich natürlich besonders belastet ist die Angst, daß mein Sohn mal nicht Opfer, sondern Täter werden könnte. Früher habe ich mich immer gesorgt, daß Thomas mal leichte Beute für alle möglichen Verführer wäre. Jetzt befürchte ich, daß er selbst auf andere aggressiv zugeht. Diese Vorstellung ist noch schlimmer für mich.

Die anderen haben mir gesagt, daß ich zu ängstlich bin. Solche Vorkommnisse wie im Landschulheim seien weiter nichts als ganz normale Doktorspiele. Und daß Klaus, der Junge, der mit dem wunden Glied von der Reise zurückkam, solche Manipulationen nur allzu gern zuläßt. Mich hat das nicht beruhigt. Ich beobachte unseren Sohn seitdem sehr genau, ja geradezu argwöhnisch. Zeigen sich irgendwo sadistische Neigungen?

Freunde von uns haben einen Hund, einen Dackel. Manchmal ist der Hund bei uns, so übers Wochenende. Ich bemerkte, daß Thomas den Hund zu streicheln scheint, sich dabei aber häufig am Geschlechtsteil des Tieres zu schaffen macht. Ich weiß nicht, was ich davon halten soll. Ist das Sexualtrieb, ist das Sadismus, ist das Experimentierfreude?

Dazu kommt, daß Thomas jetzt regelmäßig onaniert, morgens und abends in seinem Bett. Er hat auch Samenergüsse. Als ich das merkte, habe ich ihm einen Kasten Papiertücher hingestellt und ihm gesagt, die soll er benützen, wenn aus seinem Penis etwas herauskommt. Das macht er auch. Zum Onanieren nimmt er ein großes, leeres Schraubglas. Er hat Batterien hineingetan, die klappern ziemlich laut.

21

Wenn's also in seinem Zimmer auf diese typische Weise rappelt, weiß ich: Aha, er ist wieder zugange. Wenn ich ehrlich sein soll, würde ich am liebsten in sein Zimmer gehen und sagen: Hör auf damit! Schluß!

Die sexuelle Not meines Kindes ist auch meine Not. Aber was soll ich tun? Mein Mann tut, als höre und sehe er nichts. Er meint, daß das regelmäßige Onanieren nur eine Phase ist, die wieder vorübergeht. Ich glaube das eben nicht. Ich fürchte, daß alles noch schlimmer werden wird. Zu einer Beratungsstelle möchte ich trotzdem nicht gehen. Da heißt es ja doch nur: Die Eltern sind schuld.«

Veronika, 16 Jahre

Veronika ist ein mongoloides[1] Mädchen. Sie wurde von ihren Eltern, speziell von ihrer Mutter sehr gefördert, überallhin mitgenommen. Ihre Eltern, begüterte Leute, halfen ihr, einen stabilen Freundeskreis aufzubauen, indem sie andere, meist behinderte Kinder, in ihr Haus zum Spielen, zum Übernachten, später zu Grillpartys und zu Tischtennisturnieren im Garten einluden. Veronika ist ein sehr selbständiger, freundlicher Teenager. Bei Einladungen oder in Restaurants bewegt sie sich sehr sicher, sie hat tadellose Manieren und wirkt sehr ausgeglichen.

Die Mutter erzählt:

»Wir haben einen Sohn, der acht Jahre älter ist als Veronika. Als mir die Ärzte sagten, ich hätte eine Tochter geboren, war ich überglücklich. Aber dann kam der Schock.

---

1 »Mongoloid« ist die veraltete Bezeichnung für die Behinderung, die durch eine Chromosomen-Anomalie entsteht. Der englische Arzt J. Langdon Down nannte sie im vorigen Jahrhundert so, weil er fand, daß die Behinderten »wie Mongolen« aussehen. Korrekter ist es, vom »Down-Syndrom« zu sprechen. Da der Begriff »mongoloid« aber noch geläufig ist, verwende ich ihn auch gelegentlich.

Veronika war mongoloid. In mir erstarb alles. Das einzige, was ich noch tat, war, daß ich in einem Lexikon nachsah. Und da stand: Schwachsinn. Neun Wochen lang war ich überhaupt nicht ansprechbar, auch für meinen Mann nicht, der meinte, daß wir das schon irgendwie schaffen würden. Irgendwann einmal las ich eine Notiz in der Zeitung. Es war eine Aufforderung der ›Lebenshilfe‹, sich an bestimmte staatliche Stellen zu wenden, denn Frühförderung sei für behinderte Kinder besonders wichtig. Ich habe mich damals tatsächlich aufraffen können und bei der Fürsorgestelle angerufen. Eine junge Sozialhelferin kam zu mir und sprach mit mir erst einmal über die Art der Behinderung, die unser Kind hatte. Ich glaubte ihr mehr als den Ärzten im Krankenhaus. Und vor allem: Diese Sozialhelferin kannte Familien an meinem Wohnort, die ebenfalls mongoloide Kinder hatten. Wir Mütter trafen uns. Ich fuhr dorthin, zum Kaffee, mit meiner kleinen Tochter, von der ich überhaupt nicht wußte, ob oder wie sie sich entwickeln würde. Ich werde nie vergessen, wie ich dort am Kaffeetisch saß und die etwa dreijährige mongoloide Tochter der Gastgeberin die Treppe herunterkam. Ein niedliches kleines Mädchen, hübsch angezogen, das die ersten Wörter sprach. Wenn ›Schwachsinn‹ so aussehen konnte, dann lohnt sich jedweder Einsatz, dachte ich mir. Und ich begann, Veronika genau zu beobachten. Wo lagen ihre Schwächen, wo hatte sie Stärken?

Ganz deutlich war: Veronika war ein sehr sinnenfrohes Kind. Sie liebte Körperkontakte. Und sie verschafft sie sich schon als Baby selbst. Sie schmuste mit uns, mit ihrem Teddy. Als Dreijährige setzte sie sich wie beim Koitus auf eine Puppe. Sie spielte an sich selbst herum. Nun gut, habe ich mir gedacht, wenn sie das braucht, soll sie es haben. Ich habe sie also nie gebremst.

Im Alter von etwa acht Jahren begann sie, Werner, einen mongoloiden Schulkameraden, der häufig bei uns war, auszuziehen, ihn zu streicheln und zu küssen. Dieses Verhalten machte mir nun doch Sorge. Ich sprach darüber mit einer Psychologin, erfahren in der Behindertenproblematik. Sie fand meine Ängste übertrieben. Ich ließ meine Tochter und ihren kleinen Freund bei ihren Doktorspielen also ungestört, klopfte an, bevor ich in ihr Zimmer trat. Aber so ganz geheuer war mir die Situation nicht.

Als Veronika 14 Jahre alt war, machten wir Urlaub in Italien. Wir hatten ein Dreibettzimmer. Ich merkte in der ersten Woche, wie Veronika immer unausgeglichener und richtig zickig wurde.

Irgendwann wollte ich mich mittags hinlegen, und ich sagte Veronika, sie solle ebenfalls Siesta halten. Kaum lagen wir im Bett, begann Veronika zu masturbieren – auf eine so intensive, ich möchte schon fast sagen ›erwachsene‹ Art, daß mir mit einem Schlag klarwurde: Sie braucht das. Ich lag also da, tat, als ob ich schlief, und wartete, bis es vorüber war. Danach war Veronika wieder so, wie wir sie kannten, nett und ausgeglichen. Die Situation Dreibettzimmer, keine Möglichkeit, sich von uns zurückzuziehen – hatte sie wohl sehr genervt.

Veronika hat ein normal entwickeltes Schamgefühl. Mit ihrer Freundin Marina hatte Veronika zwar am Anfang der Pubertät schon öfter mal verglichen, wer den größeren Busen, wer die längeren Schamhaare hatte. Später aber schloß sie sich im Badezimmer ein. Weder ihr Vater noch ihr Bruder durften sie nackt sehen. Ich war die einzige Ausnahme. Allerdings gab es da noch Werner, mit dem sie mittlerweile nicht nur in die Schule, sondern auch in die Tagesstätte ging.

In ihrer Gruppe gab es, wie allgemein üblich, eine Schmuseecke, und die nutzten Veronika und Werner offensichtlich nach Kräften. Der Erzieher bat mich und Werners Mutter eines Tages zu einem Gespräch. Er schlug vor, den beiden Kindern privat doch die Möglichkeit zu geben, zwei bis drei Stunden pro Woche völlig ungestört zu verbringen. Sie sollten die Chance bekommen, sich zu entdecken, das auszuleben, was sie fühlten. Wir Mütter hätten's gewagt, aber nun wollten Veronika und Werner nicht. Werner wollte uns nicht mehr besuchen, und Veronika weigerte sich, zu ihm zu gehen. Das Problem löste sich vollends, als Werner mit seinen Eltern in eine andere Stadt zog.

Veronika hat sich ihrer Freundin Marina wieder stärker zugewandt. Die beiden sind jetzt in der Abschlußklasse der Schule. Marina hat sich in Peter, einen Mitschüler, verliebt. Und Veronika ist eifersüchtig. Als die Lehrerin letztens über Liebe, Freundschaft, Partnerschaft sprach und dabei erklärte, daß man sowohl mit einem Menschen befreundet, in einen anderen aber verliebt sein könnte, weinte Veronika und sagte, sie wolle Marina aber für sich ganz allein haben. Noch kann ich ihr da gar nicht helfen, kann es wahrscheinlich niemand.

Veronika hatte sich auch mit einem Jungen angefreundet, der mittlerweile von der Schule abgegangen ist. Sie sieht ihn ab und zu im ›Lebenshilfe‹-Club, der einmal in der Woche stattfindet. Bei diesem Jungen, Alexander, Sohn einer alleinerziehenden Mutter, übernachtet sie auch manchmal. Die Mutter mag Veronika, und sie freut sich darüber, so sagte sie mir, wie Alexander es genießt, den Gastgeber zu spielen, wenn Veronika da ist. Die Mutter ist berufstätig und kommt erst gegen abend nach Hause. Das bedeutet, daß Veronika und Alexander etwa drei Stunden allein miteinander verbringen. Ich hatte die Mutter gewarnt, hatte ihr gesagt, daß Veronika sich immer ganz gezielt an Werner ›herangemacht‹ hat, aber diese Frau ist ebenfalls nicht leicht ins Bockshorn zu jagen, und so ließen wir die Kinder eben unbeaufsichtigt. Einmal waren Veronika und Alexander bereits im Schlafanzug, als die Mutter nach Hause kam. Vorgefallen war aber wohl nichts. Die Kinder waren wie beauftragt zum Einkaufen gegangen, hatten sich laut telefonischer Anweisung eine tiefgekühlte Pizza gebacken, hatten gegessen, aufgeräumt – und dann war nach ihrer Meinung wohl Schlafenszeit. Sie zogen sich um, jeder für sich und im Stande der Unschuld.

Alexander, selbst ein anschmiegsames, zärtlichkeitsbedürftiges Kind, scheint für unsere draufgängerische Veronika kein »Lustobjekt« zu sein. Die beiden hören Cassetten miteinander, schauen sich zum zehnten Mal eine Video-Aufzeichnung der ›Schwarzwald-Klinik‹ an, aber sonst läuft da wohl nichts.

Wir Mütter haben uns natürlich Gedanken gemacht und überlegt: Was wäre, wenn ... Wenn es denn so wäre, daß unsere Kinder Sexualkontakt hätten, dann müßte überlegt werden, wie wir Veronika vor einer Schwangerschaft schützen könnten. Sterilisation scheint die richtige Antwort.

Aber bei ihr oder bei ihm? Ich wäre schon dafür, daß man bei Alexander feststellt, ob er überhaupt zeugungsfähig ist. Ich würde Veronika nur sterilisieren lassen, wenn die Möglichkeit einer Schwangerschaft gegeben ist. Vorher nicht.

Ich bin eine Frau, die sich mit einem Problem erst dann intensiv beschäftigt, wenn es aktuell ist. Ich brauche für meine Familie, für meine Tochter und natürlich für mich selbst so viel Kraft, daß ich mich nicht heute schon darum kümmern kann, was in ein, zwei Jahren ansteht. Erst wenn ich sicher bin, daß Veronika wirklich schwanger werden könnte, werde ich sie sterilisieren lassen. Und dann werde ich auch den Weg durch alle Instanzen nicht scheuen.«

Lisa, 25 Jahre

Lisa ist eine hübsche, rundliche junge Frau. Mit 1 ½ Jahren bekam sie nach einer Pockenschutzimpfung eine Hirnhautentzündung, die zu spät erkannt wurde.

Ihre geistige und körperliche Entwicklung verzögerte sich. Lisa lernte spät laufen, spät sprechen. Sie ist heute auf dem Entwicklungsstand einer Zehnjährigen. Sie kann einfache Meldungen in der Zeitung lesen, aber sie hat am Lesen keinen

Spaß. Rechenaufgaben bis 20 schafft sie. Einkaufen ist im großen und ganzen kein Problem für sie. Am liebsten aber handarbeitet sie, ist geschickt im Häkeln, Stricken, Knüpfen. Lisa lebt bei ihren Eltern, fährt jeden Morgen mit dem »Lebenshilfe«-Bus in die Werkstatt. Ihre Freizeit verbringt sie im »Lebenshilfe«-Club, nimmt auch gern an Reisen und Ausflügen teil.

Ihre Schwester, 27, erzählt:

»Neben meinen Eltern bin ich die wichtigste Bezugsperson für Lisa. Wenn meine Eltern mal verreisen, wohnt Lisa bei mir. Wir kommen gut zurecht, sie hört auf mich, ich bin ihr Vorbild. Probleme gab es, als ich vor sieben Jahren mit meinem Freund zusammenzog. Lisa will das auch. Sie will einen Freund, sie will heiraten, und sie will Kinder. Sie ist ganz vernarrt in kleine Kinder, aber auch in Tiere. Meine Katzen zum Beispiel füttert und pflegt sie mit großer Hingabe. Sie kann überhaupt nicht verstehen, daß ich noch nicht heiraten und noch keine Kinder haben will. ›Krieg doch eins und gib es dann mir‹, sagt sie manchmal.

Lisa weiß sehr genau, daß sie nicht so ist wie die anderen. Sie weiß, daß sie behindert ist und keine Kinder haben soll, weil wir ihr das nicht zutrauen. Irgendwie sieht sie das ein, aber abfinden kann sie sich damit wohl nicht.

Lisa hat einen Freund, so einen richtigen ›ständigen‹ Begleiter. Die beiden sind schon seit der Vorschulzeit zusammen. Bernd ist ein junger Mann mit Down-Syndrom, fit und nett. Wir mögen ihn alle sehr gern. Die beiden unternehmen viel miteinander. Sexuelle Kontakte haben sie aber nicht, da bin ich ganz sicher. Meine Schwester unterscheidet sehr genau zwischen Behinderten und Nichtbehinderten. Mit Behinderten will sie sich nicht abgeben, da ist sie überkritisch. ›Der sabbert‹, sagt sie von einem, ›Der kann nicht gescheit reden‹ von einem anderen. Lisa will einen Freund, aber einen nichtbehinderten. Sie hängt sich klettenhaft an die zivildienstleistenden jungen Männer im Club oder bei den Freizeiten. Und sie gerät in totale Verzückung, wenn einer dieser Männer ihr mal kameradschaftlich den Arm um die Schulter legt. Einmal habe ich sie mit ihren Freunden aus dem Club zu einem Volksfest begleitet. Ich konnte gar nicht so schnell schauen, da hatte Lisa schon die flottesten Männer im Zelt zum Tanz aufgefordert. Sie hat eine sehr eindeutige Art der Anmache drauf – und sie kommt damit gut an.

Obwohl wir wissen, daß Lisa keine sexuellen Kontakte hat, haben wir ihr vom Arzt vor drei Jahren die Pille verschreiben lassen. Die nimmt sie gern, wir müssen sie kaum daran erinnern. Ihre positive Einstellung zur Pille kommt sicher daher, daß sie sieht, daß meine Mutter und ich ebenfalls die Pille nehmen. Die Pille ist für sie so ein Symbol, eine erwachsene Frau zu sein.

Über die Frage der Verhütung haben wir vor rund fünf Jahren zum ersten Mal nachgedacht. Damals hat ein Nachbar, so ein richtiger alter Knacker, Lisa in seine Wohnung gelockt und sie befummelt. Sie war mehrere Stunden weg, wir haben sie überall gesucht, und als sie dann kam, haben wir sie ausgefragt und die Geschichte erfahren. Ich war so wütend, ich habe den Mann gleich angerufen und ihn buchstäblich zur Schnecke gemacht. Später rief seine Tochter an und beruhigte uns. Ihr Vater sei impotent, wir sollten uns mal keine Sorgen machen. Das hat mich erst richtig »auf hundert« gebracht.

Der Vorfall machte uns klar, daß Lisa sehr leicht sexuell ausgenutzt werden könnte. Eine Sterilisation kam nicht in Frage. Lisa hätte ihre Einwilligung niemals gegeben. Und Lisa ist das, was man einsichtsfähig oder einwilligungsfähig nennt. Man kann den Eingriff also nicht über ihren Kopf hinweg machen. Das ist doch verboten. Anfangs bekam Lisa die Dreimonatsspritze, aber da nahm sie sehr zu, also haben wir damit wieder aufgehört. Die Pille verträgt Lisa gut.

Mit einem Kind wäre meine Schwester völlig überfordert.

28

Sie leidet unter starken Stimmungsschwankungen. Manchmal ist sie sehr lebhaft und dynamisch, richtig gut drauf, ein paar Wochen später niedergedrückt und phlegmatisch. Dann kann man kaum etwas mit ihr anfangen, dann ist ihr alles wurscht. Dann kommt sie auch mit Einkaufen, dem Benutzen der öffentlichen Verkehrsmittel und was sie sonst alles noch gut kann, nicht mehr zurecht. Lisa sagt immer mal wieder, daß sie einen Freund hat. Meist meint sie damit eben einen netten jungen Betreuer. Was an solchen Behauptungen dran ist, wissen wir nicht. Es kann ja sein, daß Lisa auf diese Weise ihre Eifersucht auf mich kompensiert. Für meine Eltern und für mich ist es jedenfalls eine Beruhigung, daß Lisa die Pille nimmt. Kommt es auf Freizeitreisen wirklich mal zum Sex, so wird sie davon nicht schwanger.

Meine Schwester wird bei meinen Eltern leben, solange meine Eltern das gut mit ihr schaffen. Sie ist aber in einem Wohnheim angemeldet. Dort kennt sie schon alle Bewohner, weil die alle in demselben Freizeit-Club sind. Dorthin will sie ganz gern mal ziehen. Und ich werde natürlich auch immer für sie da sein.«

Elisabeth, 24 Jahre
Elisabeth ist eine junge Frau, die wahrscheinlich infolge einer angeborenen Stoffwechselstörung geistig behindert ist. Sie hat einen jüngeren Bruder, lebt noch bei ihrer Mutter, soll demnächst aber in ein Heim ziehen. Ihre zukünftigen Mitbewohner kennt Elisabeth alle schon aus der Werkstatt, in der sie seit einem Jahr arbeitet. Sie freut sich auf den Umzug, sortiert schon jetzt ständig ihre Sachen, packt ein und aus. In ihren Schränken herrscht Ordnung. Elisabeth ist sehr häuslich, alles muß am richtigen Platz liegen, sonst fühlt sie sich nicht wohl.

Die Mutter erzählt:

»Ich wollte Elisabeth nie in ein Heim geben. Ihrem Auszug sehe ich auch jetzt noch mit sehr gemischten Gefühlen entgegen. Ich denke immer, daß ich mein Kind abschiebe, obwohl ich weiß, daß Elisabeth sich Freunde wünscht – oder besser: sich einen Freund wünscht und den nicht in unserer Nachbarschaft, sondern eben im Heim finden kann. Außerdem bin ich gerade geschieden worden und versuche, beruflich wieder Fuß zu fassen. Das ist nicht einfach, wenn man über 50 ist und mehr als die Hälfte dieser Jahre als Hausfrau verbracht hat. Ich bin jetzt viel unterwegs, Elisabeth kommt dadurch einfach zu kurz. Robert, mein Sohn, hat sich früher viel um Elisabeth gekümmert. Aber jetzt ist er selbst in der Pubertät, zieht immer mit Freunden umher. Da ist ihm seine behinderte Schwester mehr und mehr lästig. Mein Ex-Mann wollte Elisabeth übrigens zu sich nehmen, aber ich war dagegen, weil ich weiß, daß das nicht lange gutgehen kann. Er hat sich sehr für Elisabeth eingesetzt, früher, als sie ein Kind war. Er hat Prozesse geführt, weil er überzeugt war, daß Elisabeths Behinderung durch einen Impfschaden entstanden ist. Er hat mit dem Mädchen Sprechübungen gemacht. Aber als er erkannte, daß Elisabeth nicht bringen kann, was er forderte, ließen seine Bemühungen nach. Er hat trotzdem noch ein gutes Verhältnis zu ihr. Elisabeth besucht ihn gelegentlich.

Wir haben lange nicht wahrhaben wollen, daß unsere Tochter behindert ist. Sie war ein so besonders hübsches kleines Mädchen, das sich zwar langsam entwickelte, erst mit vier Jahren anfing zu sprechen, aber sie machte immer einen wachen und interessierten Eindruck. Wir haben geglaubt, daß sie das, was ihr fehlt, irgendwann schon aufholen wird. In der Pubertät wurde Elisabeth sehr dick und lernte kaum noch etwas dazu. Alle konnten sehen, daß wir eine geistig behinderte Tochter haben.

Elisabeth fuhr täglich mit dem Schulbus in die Sonderschule der nächst größeren Stadt. Auf Elternabenden erfuhren wir, daß sie sich sehr gezielt an Mitschüler und Betreuer ›heranmachte‹, auch an den Busfahrer übrigens, also immer an nichtbehinderte Männer. Wir haben damals schon gegrübelt, wie das weitergehen soll.

Einmal sprach ich mit der Mutter einer Mitschülerin. Sie erzählte mir, daß ihre Tochter sterilisiert sei, gab mir die Anschrift des Arztes. Er hatte die Operation ohne großes Fragen durchgeführt, in seiner Klinik waren Mutter und Tochter hervorragend behandelt worden. Mein Mann und ich gingen also zu diesem Arzt. Wir wollten Elisabeth sterilisieren lassen. Sie war damals 16, so alt wie die Mitschülerin, die der Arzt operiert hatte. Als wir ihm sagten, daß wir auf »Empfehlung« kämen, wurde seine Miene ziemlich eisig. Er behauptete, er kenne die Familie gar nicht und hätte auch eine solche Operation nicht gemacht. Ich sprach die Mutter, von der ich die Information hatte, darauf an. Sie bat mich, um Gottes willen nicht darüber zu sprechen.

Wir haben dann nichts weiter unternommen, waren aber immer in großer Sorge, wenn Elisabeth mit dem Rad unterwegs war und nicht pünktlich nach Hause kam. Manchmal war sie stundenlang weg, und wir wußten nicht, wo. Wir konnten sie doch aber auch nicht einsperren.

Und dann trat das Ereignis ein, vor dem wir uns immer gefürchtet hatten. Ich wollte Elisabeth von der Schule abholen, um mit ihr noch einkaufen zu gehen. Ich stand also am Schulbus, Elisabeth aber kam nicht. Zwei Jungen, etwa im gleichen Alter wie Elisabeth, so um die 17, waren auch verschwunden. Die Betreuer gingen auf die Suche und fanden die drei im Gebüsch hinter der Schule. Elisabeth war nackt, einer der Jungen lag auf ihr. Ob es zum Geschlechtsverkehr gekommen ist, wissen wir bis heute nicht. Ich bin mit Elisabeth zu dem Gynäkologen gegangen, bei dem ich in Behandlung bin. Er hat sie untersucht und festgestellt, daß ihr Jungfernhäutchen noch intakt ist, daß es aber eine so große

Öffnung hat, daß Geschlechtsverkehr durchaus möglich gewesen sein kann. So hat er es mir jedenfalls erklärt.

Elisabeth war sehr verstört. Sie hat mit mir nicht über den Vorfall gesprochen. Sie bekam auch ihre Regel viel zu spät, und ich war bis dahin völlig außer mir. Mein Mann drohte der Schulleitung mit einer Strafanzeige wegen unterlassener Aufsichtspflicht. Zu meinem Entsetzen gab uns der Schulleiter zu verstehen, daß Elisabeth an dem Ereignis ja wohl nicht ganz unschuldig sei. Man wisse ja, daß sie sehr an Sex interessiert sei. Ich war fassungslos. Meine Tochter schwärmt für nichtbehinderte Männer. Für diese beiden Mitschüler hat sie nie einen Blick gehabt, mit denen war sie nicht einmal andeutungsweise befreundet. Die beiden haben sie einfach hergenommen.

Elisabeth kam in eine andere Gruppe, eine andere Schule gibt es bei uns nicht. Sonst verlief die Sache im Sande. Aber wir hatten keine ruhige Minute mehr.

Kurz nach Elisabeths 18. Geburtstag sprach ich mit meinem Frauenarzt. Er war bereit, die Sterilisation in der Klinik, in der er Belegbetten hat, durchzuführen. Elisabeth war ja jetzt nicht mehr minderjährig. Einwilligen konnte sie in die Operation aber nicht, dazu weiß sie zu wenig über Sex und Kinderkriegen. Also wollten wir für sie einwilligen. Das aber ging nicht. Wir mußten beim Vormundschaftsgericht einen Antrag auf Zulassung des Antrags stellen. Ein Neurologe hat Elisabeth untersucht und ein Gutachten erstellt. Ein zweiter Frauenarzt mußte hinzugezogen werden. Wir haben so auf Elisabeth eingeredet, daß sie schließlich einwilligte. Sie wurde sterilisiert, als sie 19 war. Die Operation hat sie gut überstanden. Mir wäre es recht gewesen, wenn ihr die Gebärmutter entfernt worden wäre, damit sie ihre Regel nicht mehr bekommt. Sie vergißt nämlich manchmal die Binden oder wechselt sie nicht häufig genug. Der Arzt hat das aber abgelehnt. Wie er die Sterilisation gemacht hat, weiß ich nicht genau. Elisabeth hat zwei kleine Schnitte in der Bauchdecke, die man kaum noch sieht. Ich finde es richtig, daß wir Elisabeth sterilisieren ließen. Ich hoffe, daß sie nun im Heim einen Freund findet. Dort gibt es die Möglichkeit, in Doppelzimmern zusammenzuwohnen. Ich glaube, das wäre ihr größtes Glück.«

Klaus, 21 Jahre

Klaus ist ein kräftiger, großer Mann, der durch einen Geburtsfehler einen Gehirnschaden erlitt. Er hat Sprachstörungen, kann nicht lesen, schreiben, rechnen, aber er bewegt sich normal, und er hat ein großes Talent: Er kann malen und zeichnen. In einer Ausstellung junger Künstler waren auch die Bilder von Klaus zu sehen.

Die Mutter erzählt:

»Bis vor kurzem glaubten wir, daß Klaus sich überhaupt nicht für Sexualität interessiert. Wir sahen ihn als einen etwas eigenbrötlerischen Menschen, der aufgrund seiner Behinderung, aber auch durch seine künstlerische Begabung nicht auf andere zugehen mag oder kann. Er schien ganz in seiner eigenen Welt zu leben, ohne Mitteilungsbedürfnis, ohne Gefühlsschwankungen.

Ja, so im Alter zwischen drei und sieben Jahren, da hat Klaus sich natürlich schon sehr für seinen Körper und auch für sein Glied interessiert. Da hat er, immer wenn ihm danach war, daran herumgespielt, im Kindergarten, in der Schule, zu Hause. Ich habe immer wieder versucht, ihm verständlich zu machen, daß er sich anfassen kann, wie er mag und wie's am meisten Spaß macht, aber eben nur, wenn er allein ist. Und irgendwann hat er das wohl auch verstanden. Meinem Mann und mir ist jedenfalls nichts mehr aufgefallen. Wir dachten, unser Junge hätte keine Impulse mehr in der Richtung. Die Phase der Körpererforschung wäre abgeschlossen und vorbei.

In der Sonderschule wurden die Kinder so gut es ging aufgeklärt. Klaus sprach nicht darüber, fragte uns auch nichts.

Aber als er so etwa 13 Jahre alt war, hat er sich in ein junges Mädchen verliebt, das zu uns zum Babysitten kam. Zu der hat er gesagt, daß er nackt mit ihr im Bett schlafen möchte. Und er hat ihr ein selbstgemaltes Bild gezeigt von einem Paar beim Sexualverkehr, ein ästhetisch sehr schönes Bild übrigens. Er wußte also genau, worum es ging.

Das junge Mädchen hat wohl erst ein bißchen um Fassung gerungen, dann hat sie ihm aber freundlich und bestimmt gesagt, daß das überhaupt nicht in Frage käme. Sie hätte einen Freund, mit dem sie schlafen würde, und dem wäre sie auch treu. Er müßte eben auch warten, bis er eine Freundin fände, die dann gern mit ihm ins Bett geht.

Für meinen Mann und mich war nun klar, daß wir uns geirrt hatten. Unser Sohn interessierte sich für Sexualität. er zeigte es uns nur nicht. Vielleicht hatte ich ihm in dieser ersten Körper-Erforschungsphase zu deutlich zu verstehen gegeben, daß sich ›so was‹ nicht schickt. Ich versuchte den Fehler wiedergutzumachen, indem ich mich mit Klaus zusammensetzte, ihm erklärte, was Sexualität ist – nämlich alles, was er fühlt und möchte, woran er Freude hat, was ihm gefällt. Ich sprach mit ihm über den Zusammenhang zwischen Sex und Kinderkriegen. Das Gespräch schien ihm peinlich zu sein. Er wandte sich anderen Themen zu, malte wieder viel.

Nachdem er mit der Schule und der Werkstufe fertig war, kam Klaus im letzten Herbst in die Tagesbildungsstätte. Da gefiel es ihm gut, denn sie übten kleine Theaterstücke ein. Immer häufiger erzählte er von einem Mädchen namens Simone. Er wollte wissen, wo sie wohnt, ob er da allein hinfahren könnte, ob er sie mal zu uns einladen dürfte. Dieses Mädchen schien ihn Tag und Nacht zu beschäftigen. Ich habe mich dann wirklich hingesetzt und nachgedacht: Was ist jetzt meine Aufgabe? Mein Sohn will Kontakt zu einem

Mädchen aufnehmen. Das freut mich, aber ich habe Sorge, daß er das nicht allein schafft. Er braucht Hilfe. Wie kann ich ihm helfen? Als erstes rief ich in der TABS an und erkundigte mich nach Simone. Wer ist sie, wie ist sie und vor allem: Interessiert sie sich für Klaus? Oder laufen seine Gefühle ins Leere?

›Die beiden mögen sich‹, sagten mir die Betreuer. Das war also klar. Ich rief bei Simones Eltern an und sprach mit der Mutter. Für sie war die Situation genauso neu wie für mich. Aber auch sie wollte ihrer Tochter gern helfen, eine Beziehung aufzubauen. Ich fragte nach Simones Behinderung. Sie war mir von den Betreuern als hübsch und vom Elternhaus sehr gefördert beschrieben worden, aber auch als launisch, schwierig und ohne ausreichende Selbstkontrolle. Die Mutter bestätigte mir, daß Simone zwar geistig behindert ist, ihre Probleme aber hauptsächlich psychisch sind. Wir besprachen die Einzelheiten des anstehenden Wochenendbesuches. Ich erklärte die ›Normen‹ in unserer Familie. Klaus hat einen 18jährigen Bruder. Dessen Freundin übernachtet bei ihm im Zimmer, wenn sie hier ist. Wie sollte ich mich verhalten, wenn Klaus ebenfalls wollte, daß Simone bei ihm schläft? ›Über die Verhütung müssen Sie sich keine Sorgen machen‹, sagte mir die Mutter, ›ich kläre das mit meiner Tochter.‹ Ich fragte nicht weiter, Simone lebt nicht mehr zu Hause, sondern in einer Wohngruppe.

Klaus lud Simone also zu uns ein. Das Wochenende kam. Wir haben uns alle so normal wie möglich benommen, aber das ist in einer so ungewohnten Situation nicht ganz einfach.

Was uns allen auffiel: Klaus und Simone gingen sehr liebevoll miteinander um. Sie redeten viel miteinander, wobei die Sprachbehinderung von Klaus Simone überhaupt nicht zu stören schien.

Sie hörte geduldig auf das, was er sagte. Und auch er gab sich Mühe: Welches Video wollten sie gemeinsam ansehen? ›Pumuckl‹ oder ›Morgens um sieben ist die Welt noch in

Ordnung‹? Sie planten gemeinsame Ausflüge, ins Café, in die Westernstadt ›No Name City‹. Sie haben das später auch tatsächlich alles unternommen. Offensichtlich bekommt für Klaus alles einen neuen Reiz, wenn er Simone etwas zeigen kann. – Einmal spielte mein Mann Klavier, Schubert. Es stellte sich heraus, daß Simone Schubert-Lieder singen konnte, weil in ihrer Familie viel Musik gemacht wird. Klaus, der sich sonst für solche Dinge nicht sonderlich interessiert, hörte aufmerksam zu.

Es war uns also sehr schnell klar, daß die beiden einander Lebensbereiche erschließen, die sie sonst nicht kennenlernen würden. Simone interessierte sich für Geschichte. Sie weiß zum Beispiel, wer Napoleon war, ohne ihn zeitlich oder in seiner historischen Bedeutung einordnen zu können. So saßen wir also einmal gemeinsam gebannt vor einer Fernsehsendung, in der es um die Französische Revolution ging. Sonst wäre das kein Thema für Klaus gewesen. Simone gärtnert gern. Klaus hat auf der Stelle beschlossen, sein Zimmer umzuräumen, um Platz für Pflanzen zu haben.

Simone schlief an diesem ersten Wochenende auf der Couch, die wir für sie hergerichtet hatten. Da schläft sie auch jetzt noch, wenn sie bei uns übernachtet. Seit rund drei Monaten treffen sich Klaus und Simone regelmäßig. Nachdem sie einmal den Film ›Yentl‹ im Fernsehen gesehen hatten, kamen sie zu mir und fragten mich: ›Was muß man tun, wenn man verheiratet ist?‹ Ich sagte ihnen, daß man nichts tun muß, Betonung auf muß, daß die Eheschließung aber ein Vertrag ist mit weitreichenden Konsequenzen. Ich habe ihnen aber auch gesagt, daß man nicht zu heiraten braucht, um zum Beispiel miteinander schmusen zu können. Dieser Punkt war offensichtlich ein Problem für die beiden. Sie drucksten ein wenig herum, bis sie ihn zur Sprache brachten. Muß man wirklich miteinander schlafen, wenn man sich mag? ›Nein‹, habe ich gesagt, ›man kann auch einfach so zärtlich sein.‹

Und ich habe erklärt, daß man sich verloben kann. Das ist kein Vertrag wie eine Ehe, sondern ein Versprechen, das man sich gibt, bei dem man Ringe wechselt und ein schönes Fest feiert. Sie überlegen jetzt, ob und wann sie sich verloben sollen. Wir haben übrigens unseren 18jährigen mal gebeten, mit Klaus so ein Gespräch von Mann zu Mann zu führen. Er hat es auch probiert. Aber auch da hat sich Klaus entzogen, er wollte lieber fernsehen. Mich bedrückt das schon, daß uns Klaus aus den Fragen, die er bestimmt noch zur Sexualität hat, völlig ausklammert. Aber es freut mich eben auch sehr, zu beobachten, wie gut mein Sohn doch auf andere Menschen zugehen kann, ihre Schwächen sieht und auffängt. Simone ist zum Beispiel ziemlich unordentlich. Wenn sie gebadet hat, vergißt sie, hinterher das Bad aufzuräumen. Das macht Klaus. Wenn Simone aus ihrer Wohngruppe noch nicht in die Freizeit kann, weil sie die Aufgaben dort – Einkaufen, Putzen, Aufräumen – noch nicht erledigt hat, hilft Klaus ihr.

Natürlich gab es auch schon die ersten Mißstimmungen. Neulich kam Klaus den Tränen nahe zurück. Simone klagt häufig und vehement über die Wohngruppe. Da seien alle so gemein zu ihr. Klaus kennt die anderen Leute in der Wohngruppe gut, und so findet er Simones Klagen übertrieben. Das hat er ihr gesagt – und dann gab's Krach. Ich habe ihm empfohlen: ›Hör dir an, was Simone erzählt. Sie muß ihren Kummer ja loswerden, und du bist ihr Partner, also wendet sie sich an dich. Aber dann sag ihr auch: Jetzt kann ich nicht mehr zuhören, jetzt laß uns was machen, was uns auf andere Gedanken bringt.‹

Denselben Rat würde ich meinem nichtbehinderten Sohn auch geben. Überhaupt ist der Umgang mit Klaus durch Simone für uns leichter und selbstverständlicher geworden.«

Peter, 35 Jahre

Peter ist das Bild von einem Mann, groß, kräftig, blond, blauäugig. Er kam als Zangengeburt zur Welt, ist Epileptiker und geistig behindert. Seine intellektuellen Fähigkeiten lassen sich mit denen von 8- bis 14jährigen vergleichen. Peter wuchs in einer konservativen Familie auf: Der Vater verdiente das Geld, die Mutter kümmerte sich um den Jungen und seine drei Jahre jüngere Schwester. Nach dem Besuch der Sonderschule fand Peter durch Geschäftsbeziehungen des Vaters einen Job. Er arbeitet im Lager eines Baumarkts, wohnt zu Hause. Der Tod des Vaters vor fünf Jahren hat Peter sehr getroffen. Er hat sich besonders eng an seine Mutter angeschlossen. In seiner Freizeit liest er die Schlagzeilen der Zeitung, knüpft geschickt Teppiche, geht gern zum Kegeln.

Seine Schwester erzählt:

»Bei uns wurde immer Rücksicht genommen. Weil Peter ja diese Anfälle bekam, gab's bei uns kein böses Wort. Jemand hatte meiner Mutter erzählt, daß Aufregung epileptische Anfälle auslösen kann, also wurde bei uns alles Aufregende vermieden. Auch ich habe nie eine Ohrfeige bekommen. Das ist natürlich toll, andrerseits wurde von mir auch ständig Rücksichtnahme erwartet.

Daß mein Bruder geistig behindert war, habe ich erst sehr spät verstanden. Es ging eben immer um seine Anfälle. Mit diesen Anfällen haben meine Eltern alles begründet – daß wir nicht in die Ferien fahren konnten, daß wir keine Schulfreunde einladen durften, daß wir nicht an Karnevalsfeiern teilnahmen. Gerade das ist, wenn man wie wir am Rhein wohnt, schon ein ziemlich harter Brocken. Aber das ging eben alles nicht. Wir blieben zu Hause und sahen fern. Ich will gar nichts gegen das Fernsehen sagen, mein Bruder hat dadurch viel gelernt. Ich denke nur, daß meine Eltern meinen Bruder sehr eingeengt haben. Er hat kaum etwas selber ausprobieren dürfen. Um so mehr lebte ich nach außen. Das soll heißen, daß ich zu Freundinnen ging, mit ihnen viel unternahm. Meine Eltern sahen das zwar nicht gern, aber ich habe mich durchgesetzt.

Als ich das Abitur gemacht hatte, schenkte mir mein Bruder Geld für den Führerschein. Das muß man sich mal vorstellen. Er wäre brennend gern selbst Auto gefahren, aber das ging ja nicht wegen seiner Anfälle. Und da spart er, damit ich fahren lernen kann. Ich war damals sehr gerührt – und er sehr stolz. Meine Eltern haben meinem Bruder nie gesagt, daß er geistig behindert ist. Es drehte sich alles um seine Anfälle. Ich habe diese Anfälle natürlich miterlebt, aber sie hatten für mich nichts Befremdliches. Ich mag meinen Bruder sehr – auch heute noch.

So ein Aha-Erlebnis hatte ich, als ich mit meinem ersten Freund schlief, in aller Heimlichkeit, wie es vor 20 Jahren üblich war. Mein Freund fragte mich, was denn mit meinem Bruder los sei. Ich erzählte ihm von der schweren Geburt und den Anfällen, die er hat. Mein Freund reagierte ganz ungläubig, sagte: ›Mit dem stimmt doch auch sonst was nicht‹ und fragte mich gleich drauf, ›Was macht er denn mit seinem Sexualtrieb? Soll ich ihm mal zeigen, wie man onaniert?‹ Ich war fassungslos. Mein Freund will meinem Bruder zeigen, wie man onaniert. Das darf doch nicht wahr sein, habe ich nur gedacht. Wir haben uns dann auch bald wieder getrennt – nicht nur deswegen. Heute denke ich, daß der Mann seiner Zeit weit voraus war. So eine Hilfe hätte mein Bruder bestimmt gut gebrauchen können.

Von diesem Zeitpunkt an habe ich meinen Bruder sehr genau beobachtet. Ich habe ihn damals wirklich zum ersten Mal als Mann wahrgenommen. Eine Freundin hatte er nicht, obwohl er gut aussah und er sich ganz nett, wenn auch einfach unterhalten konnte. Meine Eltern hätten Kontakte zu Mädchen, Flirts und Liebeleien auch gar nicht erlaubt. Freunde hatte er auch nicht. Woher denn auch? Er fühlte sich den Mitschülern in der Sonderschule überlegen. Die waren geistig behindert, er hatte ›nur‹ Anfälle. Und zu Nichtbehinderten Kontakt aufzunehmen, das traute er sich nicht.

Meine Eltern haben mal daran gedacht, Peter in eine anthroposophische Einrichtung zu geben, zunächst probeweise. Das haben sie ihm aber nicht gesagt, sondern ihn gebeten, ›denen mal in den Ferien zu helfen‹. Mein Bruder ist sehr hilfsbereit. Mit Appellen an sein gutes Herz ist es meinen Eltern immer wieder gelungen, Peter zu bestimmtem Verhalten zu motivieren, nur meist eben nicht konsequent. Wie in diesem Fall. Da wollte Peter wieder zurück an dem Tag, an dem die Ferien vorbei waren.

Als ich auszog, um in einer anderen Stadt Sozialpädagogik zu studieren, hat mein Bruder mich ungeheuer beneidet. Allein, weg von den Eltern, machen können, was man will – das hätte ihm auch gefallen. Aber er hatte ja seine Anfälle, mußte bei Mutter und Vater bleiben. So sahen das schließlich wohl alle drei, meine Eltern und mein Bruder.

Ich habe im Laufe meines Studiums ein Praktikum bei der ›Lebenshilfe‹ gemacht. Da konnte ich mich endlich über Behinderungen informieren. Mitarbeiter der Einrichtung erzählten mir, daß es in Dänemark für geistig behinderte Menschen die Möglichkeit gibt, als Paar zusammenzuleben, daß die Frau die Pille bekommt. Ich wünschte meinem Bruder eine Partnerin. Er liebt und verehrt Frauen, zu allererst meine Mutter, dann mich, aber auch eine Nachbarin, die immer besonders nett zu ihm ist. Jedesmal, wenn ich zu Besuch nach Hause fuhr, hatte ich den Eindruck, daß die Augen meines Bruders immer trauriger werden. Er empfindet seine Behinderung zunehmend als Einengung und Beschränkung.

Vor fünf Jahren ist mein Vater gestorben. Das war für meine Mutter und für meinen Bruder ganz furchtbar. Ich habe inzwischen eine Stellung, die mir Spaß macht, lebe in einer Stadt, die mir gefällt – für mich war der Tod meines

Vaters zwar schlimm, aber eben nicht ganz so schlimm. Ich stand ja schon auf eigenen Füßen.

Das Problem ist nun, daß meine Mutter und mein Bruder sich noch enger aneinander angeschlossen haben. Die beiden wirken manchmal wie ein Liebespaar. Da sitzt zum Beispiel meine Mutter beim Fernsehen auf der Couch, Peter setzt sich zu ihr, legt seinen Kopf auf ihren Schoß, läßt sich von ihr streicheln, küßt sie, sagt: ›Du bist meine Liebste.‹ Sie antwortet: ›Ja, mein Lieber.‹ Ich kann das nur schwer aushalten. Wer nun meint, ich sei eifersüchtig auf dieses innige Verhältnis, der irrt. Ich will weder mit meiner Mutter noch mit meinem Bruder so umgehen. Denn es ist der falsche Ton, die falsche Bindung aneinander. Meine Mutter sucht in meinem Bruder einen Partner, jemanden, mit dem sie ihr Alleinsein teilen kann. Mein Bruder sehnt sich nach Geborgenheit und Zärtlichkeiten. Die bekommt er nirgendwo, nur bei der Mutter. Nicht nur mir ist das peinlich. Vor zwei Jahren fuhren meine Mutter und mein Bruder nach Spanien, Freunde meines verstorbenen Vaters besuchen. Die Familie bat sie nach ein paar Tagen schon, wieder abzureisen. Sie waren so geschockt. Sie glaubten wohl an Inzest, weil sie sahen, wie mein Bruder meine Mutter auf den Mund küßte.

Zungenkuß oder nicht – das weiß ich nicht, aber möglich ist alles. Wobei ich davon ausgehe, daß mein Bruder vielleicht gar nicht weiß, wen man so küßt und wen nicht. Aber meine Mutter weiß es – daß sie keine Grenzen setzt, verstehe ich nicht. Sie will auch nicht mit mir darüber reden. Ich fahre deswegen immer seltener nach Hause, eigentlich nur meinem Bruder zuliebe, weil der sich so freut und wir gerne zusammen Radtouren machen, so wie früher als Kinder.

Beim letzten Mal habe ich mitbekommen, daß mein Bruder öfter Besuch von einer lernbehinderten jungen Frau bekommt. Sie hatte sich auf der Straße verirrt, nach dem Weg gefragt – da kam die Hilfsbereitschaft meines Bruders gleich zum Zuge. Er hat ihr nicht nur den Weg gezeigt, sondern sie auch zum Kaffee eingeladen, weil's so kalt war. Meine Mutter war anfangs gegen diese Freundschaft, ob es eine Liebe ist, weiß ich gar nicht. Sie sagt zu Peter: ›Nun geh nicht schon wieder zu ihr. Du fällst ihr auf die Nerven‹, oder ›Lad sie nicht ein, sie hat doch gar nicht soviel Zeit.‹ Auseinandergebracht hat sie die beiden aber noch nicht. Und jetzt scheint sie andere Überlegungen anzustellen. Sie würde gern Großmutter werden, hat sie mir neulich am Telefon gesagt. Ob ich mich denn auch um ein Kind von Peter und seiner Freundin kümmern würde, wenn sie mal nicht mehr da ist? Meine Mutter läßt eben nicht locker.«

3. Die Probleme in der Pubertät

»Wer einen großen Sprung nach vorn machen will, muß An- lauf nehmen«, heißt es. Kinder machen einen großen Sprung in der Pubertät. Ihr Anlauf dazu sieht so aus, daß sie sich erst einmal zurückzuentwickeln scheinen. Strecken- weise wirken sie nicht erwachsener, sondern kindischer, sie werden nicht vernünftiger, sondern alberner. Warum ist die Pubertät eine so schwierige Zeit? Der Begriff kommt aus dem Lateinischen, »pubes« heißt Schamhaar, bezeichnet also die Zeit, in der ein Mädchen zur Frau, ein Junge zum Mann wird. Aber es geht nicht nur um die Integration der Sexualität in die Persönlichkeit, die eigene Persönlichkeit muß erst einmal entwickelt werden. Die Pubertät ist die Zeit der »Ich-Findung«. Damit haben nichtbehinderte Jugend- liche ihre Probleme, geistig behinderte erst recht. Wissen- schaftler teilen den Prozeß des Erwachsenwerdens in drei Phasen, in das Erlangen der sexuellen, der psychischen und der sozialen Reife.

1. Die *sexuelle Reife* ist abhängig vom individuellen Ge- sundheitszustand, von der Ernährung, vom Klima. Bei uns bekommen Mädchen ihre erste Regel etwa mit 11 bis 13 Jah- ren. Die Jungen haben mit 14, 15 ihren ersten Samenerguß. Theoretisch können die Kinder jetzt Kinder bekommen. Biologisch ist das nicht ganz so einfach, weil viele Mädchen in dem Alter zwar ihre Regel, aber noch keinen regelmäßi- gen Eisprung haben, Jungen noch nicht die Spermien- menge, die zur Zeugung nötig ist.

Die meisten geistig behinderten Jugendlichen erreichen die sexuelle Reife im gleichen Alter wie nichtbehinderte.

2. Unter der *psychischen Reife* versteht man die seelische Selbständigkeit. Dazu gehört die Ablösung vom Elternhaus, kritisches Denken, verantwortungsbewußtes Handeln. Diese psychische Reife haben die meisten Jugendlichen erst mit 18, 19 Jahren, manchmal auch später. Was ihnen dabei hilft, sind Vorbilder (ein besonders engagierter Lehrer zum Beispiel), Idole (Schwärmen für einen Popstar), Informationen aus Büchern, Zeitschriften, Filmen, Fernsehen und vor allem »die Clique«. In der Gruppe Gleichaltriger können Heranwachsende ihr Verhalten, ihren Standpunkt überprüfen, sich anpassen oder abgrenzen.[1] Kein Wunder, daß sie öfter mit den Freunden unterwegs sind als zu Hause.

Die psychische Reife zu erreichen ist für geistig Behinderte außerordentlich schwierig, meist unmöglich. Wie sollen sie sich informieren, wenn sie nicht lesen können, wenn sie das, was sie in Filmen sehen, nicht verstehen? Wie sollen sie sich mit Gleichaltrigen messen können, wenn sie mit Bussen in die Sonderschulen und heilpädagogischen Tagesstätten gefahren werden und dort ständig unter Aufsicht sind? Ihre Freizeit verbringen sie im großen und ganzen mit ihren Eltern, denn ihre Klassenkameraden wohnen meist in anderen Stadtteilen, und gleichaltrige, nichtbehinderte Freunde haben sie in der Nachbarschaft nicht.

Auch das Ablösen vom Elternhaus ist ihnen meist nicht

---

1 Anschluß an die Clique: »Neben der Anerkennung durch Gleichaltrige ist es oft auch eine Rebellion gegen die restriktiven Verbote der Eltern oder Flucht aus der häuslichen Einschränkung.« Aus: J. Walter, »Pubertätsprobleme bei Jugendlichen mit geistiger Behinderung«, in: *Sexualität und geistige Behinderung*, hrsg. von J. Walter, Edition Schindele

möglich, weil sie aufgrund ihrer Behinderung oft ein Leben lang auf Betreuung und Hilfe angewiesen sind. Trotzdem versuchen sie es – auf unterschiedlichste Art:

– Manche ziehen sich zurück. Das kann so weit gehen, daß aus einem lebhaften, anschmiegsamen Kind ein phlegmatischer, störrischer Heranwachsender wird.

– Manche beginnen zu streunen. Sie reißen aus der Schule oder Tagesstätte aus, sind viele Stunden lang unauffindbar. Werden sie schließlich (oft per Polizei-Einsatz) aufgegriffen, zeigen sie sich unbeeindruckt, sagen nicht, wo sie waren, was sie gemacht haben und schon gar nicht, warum.

– Manche werden aggressiv – sowohl gegenüber ihren Eltern, ihren Geschwistern, als auch zu Lehrern und Mitschülern. Oder sie bringen mit unkontrollierbaren Wutanfällen ihre Umgebung an den Rand der Verzweiflung.

In die Zeit der psychischen Reife fällt auch die sogenannte »Ich-Findung«. Alle Jugendlichen suchen Antwort auf die Fragen: »Wer bin ich?« und »Warum bin ich so?« – Viele geistig Behinderte stellen dann auch die Kernfrage an die Eltern: »Mutter, Vater, warum bin ich behindert? Warum bin ich nicht so wie andere?« Fast alle Eltern fürchten diese Fragen. Bis dahin haben viele nämlich so getan, als wäre nichts. Sie haben ihr Kind so normal wie möglich behandelt, haben Sonderschule, Schulbus und verschiedenste Handicaps heruntergespielt, haben dem Kind über die Tatsache, daß es so vieles nicht kann, hinweggeholfen mit dem tröstenden Satz: »Das lernst du schon noch.« Jetzt ist diese Schonzeit vorbei. Die Eltern müssen Rede und Antwort stehen. Das ist eine schwere Pflicht.

3. Die *soziale Reife* schließlich ist erreicht, wenn ein junger Mensch auch wirtschaftlich auf eigenen Füßen stehen kann. Auszubildende, Fachschüler schaffen das oft nicht vor ih-

rem 25. Lebensjahr, Studenten meist erst, wenn sie Ende 20 sind.

Die meisten geistig behinderten Menschen erreichen diese Stufe der Reife gar nicht oder nur dadurch, daß sie in einer Werkstatt für Behinderte arbeiten, in einer Wohngruppe leben und staatliche Zuschüsse bekommen.

Warum ist die Pubertät für Heranwachsende und ihre Eltern eine so besonders schwierige Zeit?

Bei den Jugendlichen führt die verstärkt einsetzende Hormonproduktion zu extremen Stimmungsschwankungen und zu körperlichen Veränderungen. Hände und Füße wachsen zuerst, die Proportionen stimmen nicht mehr. Haut und Haar (und bei Jungen zusätzlich der Stimmbruch) machen Probleme.

Geistig behinderte Jugendliche leiden darunter noch mehr als Nichtbehinderte.[2]

---

2 »Das Krankheitsbild bzw. die Behinderung wird in der Pubertät ganz allgemein vergröbert, für Außenstehende rascher erkennbar und damit deutlicher stigmatisierbar. Dies hat doppelte Folgen: Einerseits beginnen viele Jugendliche, sich selbst sehr stark zu genieren und sich noch mehr in die sowieso schon sozialbedingte Isolation des Außenseiters zurückzuziehen. Andrerseits gehen auch Lehrer, Freunde, Erzieher und Eltern merklich auf Distanz, da mit dem Verlust des naiv Kindlichen und hilflos Liebenswerten auch die spontane Bereitschaft der Bezugsperson nachläßt, das Kind in den Arm zu schließen und zu liebkosen, ein Teufelskreis leidvollen Erwachens des zunehmenden Bewußtseins der Körperveränderungen!« – Aus: J. Walter »Pubertätsprobleme bei Jugendlichen mit geistiger Behinderung«, in: *Sexualität und geistige Behinderung*, hrsg. von J. Walter, Edition Schindele, Heidelberg 1983

Den Eltern gehen verschiedene auffällige Verhaltensweisen der Pubertierenden auf die Nerven. Sie klagen darüber, daß ihre Kinder laut und launisch sind und die allerschlimmsten Manieren haben. Hat all ihre Liebe, all ihre Erziehung nichts genützt?

Doch, denn das Problem liegt woanders. Mir half, was ich in dem Buch »Junge und Mädchen in der leiblichen Pubertät« von Ernst Ell[3] dazu las. In der Pubertät schulen junge Menschen ihre Sinne ein zweites Mal. So wie sie als Babys ihre Umwelt entdeckten durch Tasten, Schmecken, Riechen, Sehen, Hören, so erobern sie sie jetzt neu.

Tasten! Jugendliche fassen alles an, fummeln ständig irgendwo herum. »Mußt du denn alles in die Finger nehmen?« oder »Laß deine Pfoten weg!« ist denn auch das, was Heranwachsende in diesem Alter am häufigsten zu hören kriegen. Zum Tastsinn gehört auch die Erfahrung durch Bewegung. Jugendliche können nicht stillsitzen, sie schaukeln auf zwei Beinen des Stuhles hin und her. (Heinrich Hoffmanns »Zappelphilipp« muß ein Pubertierender gewesen sein!). Nur so erleben sie den Reiz der Bewegung.

Schmecken! So wie ein Kleinkind alles in den Mund steckt, so hat auch der Jugendliche den Drang, ständig etwas zwischen die Zähne zu nehmen: Kaugummi, Streichhölzer, Grashalme.

Riechen! Mädchen experimentieren mit Seifen, Sprays und dem Parfüm der Mutter. Jungen genießen den »Duft« ihres Körpers, zum Beispiel den ihrer eigenen getragenen Socken. Vielen scheint ihr Körpergeruch so gut zu gefallen, daß sie nur mit Mühe unter die Dusche zu kriegen sind. Andere wieder übertreiben es mit der Körperpflege. Man bringt sie aus dem Badezimmer gar nicht wieder heraus.

Sehen! Die zuckenden Disco-Lights sind das Allerstärkste. Aber auch Schummrigkeit ist gefragt – Kerzenlicht, ver-

3 Lambertus-Verlag, Freiburg 1967

hangene Lampen. Die jungen Leute sind nicht nur lichtreiz-, sondern auch bildhungrig. Bildromane und Comics haben Hochsaison. Und an einem Abend zweimal ins Kino – geil!

Hören! Krach ist überhaupt das Allerbeste. Auch wenn sie sich wirklich Mühe geben: Pubertierende können nicht leise sein. Sie schaffen es nicht, leise aufzutreten, eine Tür leise zu schließen. Musik, die sie hören und lieben, muß durch alle Räume schallen.

Behinderte und Nichtbehinderte sind von diesem Phänomen (dem Schulen ihrer fünf Sinne) gleichermaßen betroffen. Eltern können sich den Mund fusselig reden – ergebnislos. Ihnen bleibt nur, mit viel Geduld und Verständnis abzuwarten, bis diese Phase der Pubertät vorüber ist.

Wo gibt es die größten Unterschiede in der Pubertät von geistig behinderten und nichtbehinderten Jugendlichen?

Zu dem Training der fünf Sinne kommen drei »Lüste«, die Berührungslust, die Zeigelust und die Schaulust. Unter Berührungslust versteht man die Freude, den eigenen Körper zu entdecken. 95 Prozent der nichtbehinderten Jungen masturbieren und 60 Prozent der Mädchen tun das, Tendenz steigend.[4] Sie machen es heimlich. Die Erwachsenen merken kaum etwas davon.

Viele geistig Behinderte masturbieren. Sie achten dabei weder auf Raum noch Zeit. Sie neigen dazu, den Rock zu

---

4 Untersuchungen zur Jugendsexualität: Broderick 1970, Sigusch und Schmidt 1973. J. Walter zitiert ein Bonmot: »Derjenige, der aussagt, er habe nie onaniert, tut es gegenwärtig noch.« In: *Pubertätsprobleme bei Jugendlichen mit geistiger Behinderung*, a. a. O.

heben, die Hose zu öffnen, wann immer ihnen danach ist.
Für Eltern ist diese Phase unerhört schwer. Sie müssen auf
ihren Sohn, ihre Tochter einwirken, erklären, daß Ma-
sturbation nichts Schlimmes ist, sondern durchaus erlaubt
und schön, daß man das aber nur machen darf, wenn man
ganz allein ist. Viele Eltern bringen diese Anweisung nicht
über ihre Lippen. Wen wundert's? Sie sind selbst damit
aufgewachsen, daß Masturbation etwas Verbotenes ist. Es
fällt ihnen schwer, mit ihren Kindern ausgerechnet dar-
über zu sprechen. Sie machen deswegen Augen und Oh-
ren ganz fest zu und behaupten, ihre Kinder täten »so
etwas« nicht. Sie irren sich.[5]

Auch die Lust, andere Menschen zu berühren, ist bei
geistig Behinderten während der Pubertät oft besonders
ausgeprägt. Weil viele von ihnen nicht mit Worten aus-
drücken können, wie sehr ihnen ein Mensch gefällt, ma-
chen sie es über die Körpersprache, rücken näher, fassen
an, streicheln, geben Küßchen. Eltern geistig behinderter
Töchter fürchten häufig und sicher auch zu Recht, daß
diese Berührungslust falsch verstanden werden könnte –
als Aufforderung zum Sex.

Bei der *Zeigelust* wird der Körper zur Schau gestellt. Mädchen tragen kurze Röcke, enge Hosen, aufgeknöpfte Blu-
sen. Jungen zwängen sich in knappe Jeans, halten sich nach
dem Sport besonders lange unter der Dusche auf, um Penis-

---

5 »Man traut behinderten Kindern nicht nur weniger zu als gleichaltrigen
nicht behinderten, sondern erlaubt ihnen auch weniger.« – »Ich bin davon überzeugt, daß auch geistig behinderte Jugendliche und Erwachsene
mit ihrer Sexualität letztlich viel unkomplizierter zurecht kämen, wenn
wir ihnen mehr partnerschaftliche Hilfe und Unterstützung gewähren
würden als überbehütende und bewahrende Verbote und Einschränkungen.
Ihr Erwachsenwerden setzt unser Erwachsensein voraus.« In: J.
Walter, »Pubertätsprobleme bei Jugendlichen mit geistiger Behinderung«, in: *Sexualität und geistige Behinderung*, a. a. O.

länge und Hodengröße zu vergleichen. Mädchen beobachten, wessen Brüste am schnellsten gewachsen sind.

Bei der Zeigelust gibt es nach der vorliegenden Literatur kaum einen Unterschied zwischen Behinderten und Nichtbehinderten. Wer kann, zeigt, was er hat.

Die *Schaulust* bezieht sich auf erotische oder pornographische Darstellungen in Zeitschriften, in Filmen und Fernsehen. Früher bohrten die Knaben ein Loch in die Schwimmbad-Kabinen, um den Frauen und Mädchen beim An- und Ausziehen zuzuschauen.

Auch bei der Schaulust gibt es, soweit bekannt, keine großen Unterschiede zwischen Behinderten und Nichtbehinderten.

4. Wie klärt man geistig behinderte Kinder und Jugendliche auf?

Diese Frage ist mir besonders wichtig. Viele Unsicherheiten im Umgang mit der Sexualität geistig Behinderter können vermieden werden, wenn Eltern, Kinder und Jugendliche miteinander darüber reden. Aber wie?

Ich hatte Gelegenheit, mit Professor Joachim Walter über dieses Thema zu sprechen. Er ist Pfarrer, Professor für Sozialpsychologie und Rektor an der Evangelischen Fachhochschule für Sozialwesen in Freiburg. Er gilt als liberaler Vordenker auf dem Gebiet der Sexualität geistig Behinderter und hat dazu mehrere Bücher geschrieben und herausgegeben.

Herr Professor Walter, wann ist der richtige Zeitpunkt, um mit der Sexualerziehung zu beginnen?

So einen Zeitpunkt gibt es nicht. Sexualerziehung beginnt – bei behinderten wie bei nichtbehinderten Kindern – gleich nach der Geburt. Wie die Eltern den Säugling halten, pflegen, mit ihm schmusen und spielen – all das ist bereits Sexualerziehung. Baden oder duschen Eltern und Geschwister miteinander, laufen sie auch mal nackt durch die Wohnung, so erfährt auch das geistig behinderte Kind ganz nebenbei und undramatisch, daß Mann und Frau unterschiedlich aussehen. Es kann sich selbst leichter zuordnen: Bin ich ein Junge, bin ich ein Mädchen? Werde ich ein Mann wie Papa oder eine Frau wie Mama? Damit ist die Geschlechtsidentität leichter aufzubauen, die ja sehr wichtig für das Selbstbewußtsein eines Menschen ist.

Wenn eine Frau in der Verwandtschaft oder in der Nachbarschaft schwanger ist, kann man auch das behinderte Kind darauf aufmerksam machen: Sie bekommt ein Baby. Es wächst in ihrem Bauch. Man kann erklären, wie das Baby aus dem Bauch herauskommt und wie es hineingekommen ist. Es gibt dazu eine Reihe von anschaulichen Büchern, die auch einem geistig behinderten Kind helfen, den schwierigen Sachverhalt ein wenig zu verstehen.

Das klingt nun so, als gäbe es überhaupt keinen Unterschied zwischen der Aufklärung von geistig behinderten und nichtbehinderten Kindern. Stimmt denn das?

Nein, das klingt nur so. In der Praxis gibt es natürlich Unterschiede. Nichtbehinderte Kinder fragen meist von sich aus nach, wenn sie etwas nicht verstanden haben oder wenn sie mehr wissen wollen. Geistig behinderte Kinder tun das häufig nicht, da ihnen die Worte fehlen. Es ist daher schwer, festzustellen, was sie nun begriffen haben und was nicht. Wenn sie aber nachfragen, tun sie es oft auf eine sehr persönliche, verblüffende Art. Erklärt man ihnen die Geschlechtsteile von Mann und Frau anhand von Bildern, kann es vorkommen, daß sie sagen: »Und wie sieht das bei dir aus? Zeig doch mal!« Oder versucht man zu erläutern, was ein Orgasmus ist – das ist auch bei nichtbehinderten Kindern und Jugendlichen eine heikle Sache – dann fragen Behinderte: »Und wie ist das bei dir?« Viele Eltern, aber auch die Erzieher in Kindergärten und Sonderschulen empfinden diese Art zu fragen als peinlich. Sie können darauf selten offen antworten. Das ist schade, denn gerade geistig behinderte Menschen brauchen sehr anschauliche Antworten ihrer Bezugspersonen, auch wenn die dann aus ihrem eigenen Intimbereich berichten müssen.

Aus diesem Grund führen wir und viele andere Institutionen immer wieder Kurse für Betreuer durch, in denen wir mit ihnen zunächst über ihre eigene Einstellung zur Sexualität sprechen. Bestimmte Schamschranken müssen abgebaut werden, damit Fragen nach Liebe, Zärtlichkeit, Fortpflanzung, Verhütung, offen und einleuchtend beantwortet werden können. Es gibt mittlerweile immer häufiger Gesprächskreise für Eltern behinderter Kinder und Jugendlicher, in denen auch Fragen zur eigenen Sexualität diskutiert werden. Leider sind das noch viel zu wenige.

Viele Eltern geistig Behinderter glauben, sie sollten mit ihren Töchtern und Söhnen überhaupt nicht über Sexualität sprechen, um – wie es oft heißt – »keine schlafenden Hunde zu wecken«. Sie denken: »Was mein Kind nicht weiß, macht es nicht heiß.« Kann es nicht auch richtig sein, das Thema ganz zu vermeiden?

Die Einstellung halte ich für grundfalsch. Eltern, die behaupten, ihr Sohn, ihre Tochter interessiere sich nicht für Sexualität, kennen ihr Kind nicht gut genug. Zu jedem Menschen gehört seine Sexualität, auch zu Menschen mit einer geistigen Behinderung. Wenn man so tut, als wäre da nichts, als gäbe es bei geistig behinderten Menschen den Wunsch nach Liebe, Zärtlichkeit, nach Erotik und Sexualität überhaupt nicht, dann verdrängt man das Problem, engt den Behinderten in seinen Möglichkeiten noch mehr ein. Es gibt ja Eltern, die ihre Töchter – meist sind es ja die Mädchen, die besonders behütet werden – in unauffällige, weite Kleidung stecken, damit sie unattraktiv wirken und sie kein Mann zweimal anschaut. Wer seinem Kind diesen zentralen Bereich menschlichen Lebens und Wohlbefindens, den Bereich der Sexualität, vorenthält, muß sich fragen lassen, ob dies nicht an Freiheitsberaubung grenzt.

Eltern geistig behinderter Mädchen fürchten eben, daß ihre Töchter sexuell mißbraucht werden. Und diese Angst ist ja nicht unbegründet.

Das stimmt leider. Aber es sind gerade die überbehüteten, unaufgeklärten geistig behinderten Kinder und Jugendlichen, die in diese Gefahr geraten. Sie lassen sich durch Neugier, durch den Wunsch nach Zärtlichkeiten, durch die Sehnsucht, ernst, wichtig und »für voll« genommen zu werden, auf Situationen ein, die zu sexuellem Mißbrauch führen können. Herrscht dagegen zu Hause ein liebevoller, offener Umgangston, wird den Kindern viel erklärt, ist diese Gefahr viel geringer.

Was mir noch sehr wichtig ist: Die meisten nichtbehinderten Jugendlichen machen ihre ersten sexuellen Erfahrungen mit Gleichaltrigen. Das ist vielen Mädchen und Jungen mit einer geistigen Behinderung nicht möglich. Sie werden mit dem Bus in Sondereinrichtungen gefahren, danach sind sie wieder bei ihren Eltern. Die Klassenkameraden, mit denen sie sich angefreundet haben, wohnen in anderen Ortsteilen. Und Freundschaften zu nichtbehinderten Kindern in der Nachbarschaft sind leider selten. Wenn Eltern geistig behinderter Kinder und Jugendlicher durch ihren Sohn, ihre Tochter, durch den Lehrer erfahren, daß sich ihr Kind mit einem anderen aus der Klasse angefreundet hat, sollten sie deshalb diese Freundschaft nach Kräften fördern. Das heißt, sie sollten den Freund oder die Freundin ihres Kindes nachmittags oder an Wochenenden zu sich einladen, die Kinder auch mal ungestört im Zimmer lassen. Auch wenn sie da schmusen, ist das natürlich und in Ordnung. Solch normaler Umgang mit Gleichaltrigen schützt meiner Meinung nach am besten vor sexuellem Mißbrauch. Hat ein Mädchen, eine junge Frau einen Freund, kann sie dem Nachbarn, dem Onkel, der Zufallsbekanntschaft viel eher zu verstehen geben: Hände weg, mit dir nicht. Ich weiß, was du willst, aber ich will nicht.

Ein großes Problem für Eltern geistig behinderter Kinder ist das Onanieren. Wie geht man damit um?

Spielt ein kleines Kind an seinem Ohr, denken sich die Eltern nichts dabei. Spielt es an seinem Geschlechtsteil, heißt es »Pfui«, oder aber die Eltern nehmen wortlos die Hand des Kindes da weg. Beides heißt: Das Berühren des Geschlechtsteiles ist tabu. Nun empfindet ein Kind im Laufe der Zeit gerade das Spielen an Scheide oder Penis als besonders lustvoll. Es wird zum Trost bei Frust und Streß, zur angenehmen Einschlaf-Hilfe, aber auch zur Erregung öffentlichen Ärgernisses – dann nämlich, wenn Kinder und Jugendliche im Wohnzimmer, bei Familienfeiern, in der Schule, im Bus oder sonstwo zu onanieren beginnen. Selbstbefriedigung grundsätzlich zu verbieten, ist sinnlos. Aufgabe der Eltern und Betreuer muß sein, dem Kind oder Jugendlichen den Unterschied zwischen Öffentlichkeit und Privatbereich deutlich zu machen. Nach dem Motto: Hier nein! Dort ja! Im eigenen Zimmer sollte Onanieren erlaubt sein. Es gehört in den privaten Intimbereich. Eltern und Betreuer müssen deshalb an der Zimmertür anklopfen. Und sie dürfen nicht gleich danach eintreten. Viele Leute haben nach dem Klopfen die Klinke schon in der Hand. Das ist eine Mißachtung des Privatbereiches. Er ist genauestens zu respektieren. Wie könnte ein Behinderter ihn sonst begreifen?

Bei manchen Schwerstbehinderten wird beobachtet, daß sie sich mit Spielzeug oder an Möbelkanten blutig reiben und dennoch keine Befriedigung erleben. Hier ergibt sich für Eltern und Erzieher die Frage, ob nicht im Einzelfall behutsames Anlernen in erfolgreicher Masturbationstechnik hilfreich sein kann. So kann z. B. die Hand des behinderten Menschen geführt werden.

Heißt das, daß Eltern und Betreuer unter Umständen selbst mit Hand anlegen sollen, damit ein Behinderter beim Onanieren zum befriedigenden Erlebnis kommt?

Das heißt es, wobei es aber immer auf den Einzelfall ankommt.

Manche Eltern befürchten, daß ihre Tochter, ihr Sohn zuviel onaniert. Wieviel ist zuviel?

Die Frage läßt sich nicht generell beantworten. Die individuellen Befriedigungswünsche schwanken zwischen täglich mehrmals, wöchentlich oder ein- bis zweimal im Monat. Mir scheint, daß ein Mensch eher zur Selbstbefriedigung neigt, wenn er unausgeglichen, unglücklich, frustriert ist. Haben Eltern und Betreuer also den Eindruck, daß jemand besonders häufig onaniert, sollten sie für mehr Ablenkung sorgen, für mehr Freizeitaktivitäten zum Beispiel.

Selbstbefriedigung mehrmals täglich ist meiner Meinung nach ein Symptom für Mangelerscheinungen, ein deutliches Zeichen dafür, daß der geistig behinderte Mensch zu sehr sich selbst überlassen ist.

In Zeitschriften, im Fernsehen erscheinen häufig Bilder und Szenen, die hart an der Grenze zur Pornographie liegen. Soll man dafür sorgen, daß geistig behinderte Menschen so etwas gar nicht zu sehen kriegen?

Das geht nicht. Man kann ja nicht verhindern, daß geistig Behinderte an Kiosken vorbeikommen und sich dort eben auch die Titelbilder der Zeitschriften anschauen. Und in mancher TV-Vorabendserie geht es plötzlich unerwartet heiß her. Da kann man gar nicht immer so schnell auf ein anderes Programm umschalten. Das wäre auch nicht sinnvoll, denn Verbote reizen. Das gilt auch für geistig behinderte Menschen. Viel wichtiger ist es, über das Gesehene zu sprechen. »Die lieben sich aber sehr«, kann man sagen. Auf diese Weise wird das Gesehene in die richtige Perspektive gerückt und erhält eine wichtige sexualethische Wertung. Dazu kommt, daß viele sexbezogene Darstellungen ausgesprochen frauenfeindlich sind. Auch darüber kann man mit geistig behinderten Menschen sprechen, indem man vielleicht sagt: »Meine Güte, ist der Mann aber grob!« oder »Würdest du dich so fotografieren lassen?«

Manche Eltern klagen darüber, daß gerade in der Pubertät ihre Kinder besonders kräftig mit ihnen schmusen wollen. Aus den kindlichen Zärtlichkeiten werden sexuelle Berührungen. Wie geht man damit um?

So natürlich und unaufgeregt wie möglich. Das Problem betrifft ja nicht nur die Eltern, sondern auch die Betreuer. Es kommt vor, daß ein geistig behinderter junger Mann seiner Erzieherin die Hand auf den Po oder die Brust legt, sie umarmen und küssen will, und daß geistig behinderte junge Frauen sich – wie es scheint – auf sehr ›eindeutige‹ Weise den männlichen Betreuern nähern. Die Betroffenen müssen dann signalisieren: Stopp! Das paßt mir nicht. Das ist mir unangenehm. Also: Die Hand des Behinderten wegnehmen, da wo sie stört (gegen eine Hand auf der Schulter wird ja wohl niemand etwas haben), sich aus der Umarmung lösen oder sie von Anfang an verhindern. Das kann man mit freundlicher Bestimmtheit tun, ohne daß sich behinderte Menschen vor den Kopf gestoßen fühlen. Zu bedenken ist, daß viele geistig Behinderte sich sprachlich nicht gut mitteilen können. Ihre Wünsche, Gefühle, Sehnsüchte vermitteln sie über die Körpersprache. Dazu gehören eben Handhalten, Streicheln, Küssen. Hier pädagogische Grenzen zu setzen, ist für Eltern, aber auch für Betreuer oft schwierig. Doch dies ist ein wichtiger Teil der Sexualerziehung. Sie hilft den Betroffenen zu einem normalen Umgang in der Öffentlichkeit.

Bücher, die beim Aufklären nützlich sind

Sexualität. Das ultimative Handbuch für Jugendliche von Gabriele Ring, Schneider Verlag. Dieses Buch will Mädchen und Jungen helfen, die Scheu voreinander abzubauen, die Sexualität des anderen zu respektieren und positiv zu erleben. Von A wie Anmachen über V wie Verhütung bis Z wie Zungenkuß sind hier alle wichtigen Bereiche der Sexualität für Anfänger aufgelistet und erklärt – sowohl aus weiblicher wie aus männlicher Sicht. Gabriele Ring ist Journalistin bei der Zeitschrift »Mädchen« mit Schwerpunkt Sexualberatung für Jugendliche. Ihre Sprache ist erfrischend klar, immer deutlich, nie peinlich. Allgemeine Informationen, biologische Erklärungen, psychologische Beratung, historische Betrachtungen und Statements von Mädchen und Jungen machen das Buch zur spannenden Lektüre. Für Eltern und Betreuer ist es ein wichtiges Hilfsmittel, sich in Jugend-Sexualität und ihre Terminologie einzufinden. Man kann nur staunen, was 16jährige alles schon wissen und was sie darüber hinaus noch wissen wollen.

Total normal von Robie H. Harris und Michael Emberley, Alibaba-Verlag. Das Buch lebt durch seine witzigen Zeichnungen. Der Text begeistert weniger, denn er schwankt zwischen betulich erklärend oder betont wissenschaftlich. Behinderte Menschen mögen sicher die einfallsreichen Comics wie »Die Reise des Spermas« oder »Die weiteren Abenteuer von Eizelle und Sperma«. Ein Vogel und eine Biene führen durch das Buch, ein Hinweis auf die Übersetzung aus dem Englischen, wo »the birds and the bees« Synonym für Aufklärung sind.

Let's talk about Sex. Was Jugendliche über Liebe, Sex und Partnerschaft wissen müssen von Elizabeth Fenwick und Richard Walker, Mosaik Verlag. Geschrieben ist das Buch für Jugendliche zwischen 11 und 18 Jahren, aber es ist ein Buch fürs Leben, kompetent, mit Fotos und Zeichnungen. Beim ersten Durchblättern wirkt es wie ein Bio-Schulbuch, aber es enthält auch Kapitel wie »Emotionale Entscheidungen«, »Sex genießen« oder »Mit Schwierigkeiten umgehen«. Für geistig behinderte Menschen sind die großen und deutlichen Zeichnungen sicher ein gutes Hilfsmittel zum Verständnis körperlicher Vorgänge. Besonders anschaulich finde ich das Kapitel über Verhütung.

Tanja und Fabian von Joachim Brauer und Gerhard Regel, Gütersloher Verlagshaus Gerd Mohn, ein Fotobuch für 4- bis 8Jährige, mit einem Extraheftchen für Eltern und Erzieher. Zwei Dinge gefallen mir an diesem Buch besonders gut: Es ist kurz, sachlich, deutlich und nirgendwo peinlich, und es spricht auf den wenigen Seiten mit kurzen Texten vielerlei Probleme an. Es geht um Geschlechtsunterschiede (die Familie im Bad, die Kinder nackt im Garten), um Geschlechtsverkehr (Fabians Eltern im Bett), um Geburt (drei Fotos), Verhütung (Fabian spielt mit der Pillenpackung) und um Doktorspiele. Darüber hinaus werden aber auch Rollenverständnis, Eifersucht und unterschiedliche Lebensformen angesprochen. So lebt Tanja zum Beispiel mit ihrer Mutter allein, denn »alle Kinder haben einen Vater und eine Mutter. Aber nicht immer leben Vater und Mutter zusammen.« Das Buch ist für geistig behinderte Kinder und Jugendliche sehr gut geeignet, weil die dargestellten Szenen so alltäglich sind. Die meisten kennen sie aus eigenem Erleben. Das Heftchen mit Hinweisen für Eltern und Erzieher erklärt kindliche Sexualität ganz unwissenschaftlich und ohne Zeigefinger. Angenehm zu lesen!

Zeig mal! von Will McBride, Peter Hammer Verlag, große Fotos mit wenig Text dazu. Auch Aufklärung ist Geschmacksache. Niemand sollte ständig über seinen Schatten springen müssen, wenn er mit seinem Kind über Sexualität spricht. Bei diesem Buch werden das viele Eltern tun müssen, auch solche, die sich für liberal und relativ unverklemmt halten. Die großen Fotos sind ästhetisch allesamt schön, manche sogar sehr schön, für 7- bis 8Jährige erscheinen sie mir zu künstlerisch. Geistig behinderte Kinder und Jugendliche, denen alles sehr plakativ gezeigt werden muß, damit sie es verstehen, können meiner Meinung nach mit diesem Buch noch weniger anfangen. Die Co-Autorin Helga Fleischhauer-Hardt schreibt unter anderem in ihrem Nachwort: »Wenn Eltern einerseits meinen, das Buch sei gut, aber doch zögern, es ihren 7- oder 8jährigen Kindern zu zeigen, so haben sie sicher Angst davor, ihre eigenen sexuellen Gefühle und Verhaltensweisen den Kindern mitzuteilen. Diese Angst läßt sich leicht überwinden, indem die Eltern langsam und behutsam beim Anschauen des Buches vorgehen, den Kindern nicht alle Bilder auf einmal zeigen und so sich selbst und den Kindern Gelegenheit geben, langsam mit der Sache vertraut zu werden.«

Mein Anspruch an ein Aufklärungsbuch ist, daß man es nach dem ersten gemeinsamen Anschauen und Vorlesen den Kindern selbst in die Hand geben kann und nicht wohl dosiert dem Kind mal das eine, mal das andere Bild zeigt. Dadurch wird so ein Buch schnell zu einer hochwichtigen geheimen Verschlußsache und damit gerade zum Gegenteil von Aufklärung.

Auch das Vorwort des Sexualwissenschaftlers Helmut Kentler, in dem er von Kindersexualität am Hofe Ludwigs XIII. bis zur Berliner Kommune II berichtet, erscheint mir zwar interessant, aber zu akademisch, um Eltern eine Hilfe zu sein. Der große Textteil des Buches mit Erklärungen und Informationen dagegen geht auf viele Aspekte der Sexualerziehung ein. Er war 1974, als das Buch herauskam, für viele Eltern sicher neu und wichtig. *Zeig mal!* hatte 1986 seine 7. Auflage, erweitert mit einem Informationsteil zu Aids.

Zeig mal mehr! von Will McBride, Beltz Verlag. Dieses »Aufklärungsbuch für Jugendliche und Erwachsene«, wie es im Untertitel heißt, ist die Fortsetzung von *Zeig mal!* Das Buch beschäftigt sich mit den üblichen Themen (Pubertät, Verhütung), darüber hinaus aber auch ausführlich mit Aids und Homosexualität. Für nichtbehinderte Jugendliche kann das Buch eine große Hilfe sein, weil es so bemerkenswert offen informiert. Geistig behinderte Menschen können mit dem Text und wohl auch mit den großen Schwarzweißfotos, die alle ziemlich grau wirken, nicht viel anfangen.

Peter, Ida und Minimum von Grethe Fagerström und Gunilla Hansson, Otto Maier, Ravensburg, für Kinder ab sechs Jahren. Das Buch wurde mit dem Deutschen Jugendbuchpreis ausgezeichnet – zu Recht. Es ist witzig, wirklichkeitsnah, völlig unaufdringlich und der reine Lesespaß. Aufgemacht ist es wie ein Comic, mit hübschen Bildern und einfachen Sprechblasen. Jeder interessierte Schulanfänger kann sich das zusammenbuchstabieren. Es geht um die Familie Lindström. Vater, Mutter, Peter und Ida erwarten ein Kind, vorerst Minimum genannt. Das erste Kapitel heißt: »Was ist mit Mama los?« Mama verliert am Frühstückstisch schier die Nerven. Kein Wunder, sie ist schwanger. In der langen Wartezeit aufs Baby erfahren Peter und Ida, wie ein Kind entsteht, wie es geboren wird. Und sie sind stocksauer, als es endlich da ist und sich alles nur um Minimum dreht. Peter schneidet schließlich ein strahlendes Reklamebaby aus und zeigt es der plärrenden Minimum: »Guck mal, so sieht ein liebes Baby aus.« Aber die Geschwister finden dann doch, daß Minimum das beste Baby ist, das es gibt. Zur Aufklärung von geistig behinderten Kindern und Jugendlichen scheint mir das Buch besonders gut geeignet, denn die gezeichneten Szenen kennt jeder aus seinem Alltag. Das Leben der Familie Lindström steht im Vordergrund, aufgeklärt wird so ganz nebenbei, aber gründlich und gut verständlich.

 Junge, Mädchen, Mann und Frau von Joachim Brauer, Gerhard Kapitzke, Karl Horst Wrage, Gütersloher Verlagshaus Gerd Mohn, für 8- bis 12Jährige.

In diesem Buch steht wirklich alles, was man wissen muß – vom Ehegesetz über die Komplikationen beim Kaiserschnitt bis zu der Frage »Kann man Liebe lernen?« Für die angegebene Altersgruppe ist der mit Zeichnungen und Fotos illustrierte Band richtig und wichtig. Der umfangreiche Text überfordert geistig Behinderte. Für Eltern, die auf viele Fragen antworten sollen, kann er aber eine große Hilfe sein, weil er so sachlich, umfassend und klar informiert.

5. Wie lernen ErzieherInnen und BetreuerInnen, mit der Sexualität geistig behinderter Menschen umzugehen?

Es gibt, grob gesagt, zwei Arten der Sexualerziehung:
- die repressive, die versucht, Kinder und Jugendliche von der Sexualität fernzuhalten und die Erwachsenen Sex nur mit Trauschein erlaubt,
- die emanzipatorische, deren Ziel es ist, selbständiges Entscheiden und Handeln auch auf dem Gebiet der Sexualität zu fördern.

In der Mehrzahl der Schulen, Wohngruppen, Heime und anderen Einrichtungen für geistig behinderte Menschen wird der zweite Weg befürwortet, wenn auch noch nicht immer konsequent verfolgt. Denn man kann nur das gut lehren, was man selbst richtig weiß und verstanden hat.

Bei der Sexualität ist das nun so eine Sache. Dabei kommt es nicht nur auf das Wissen, sondern auch auf die eigene Einstellung an. Und gerade die Einstellung hängt ganz individuell von vielen verschiedenen Faktoren ab, zum Beispiel vom Temperament, von der Erziehung und der Erfahrung, die ein Mensch gemacht hat.

Den meisten von uns fällt es immer noch schwer, über Sexualität zu reden. Obwohl Zeitschriften und Fernsehen von Sex-Reports überquellen, finden wir nur mit Mühe das uns gemäße Vokabular. Lehrer, Erzieher und Betreuer sind da keine Ausnahme. Verschiedene Verbände und Institutionen bieten ihnen deswegen Kurse zum Umgang mit der Sexualität geistig behinderter Menschen an. Sie dauern ein bis drei Tage. Zum Beispiel veranstaltet das Bildungswerk des Heilpädagogischen Centrum Augustinum in Oberschleißheim bei München, eine Art Volkshochschule für geistig behinderte Erwachsene, solche Fortbildungstage für

Mitarbeiter von Behinderten-Einrichtungen mit dem Titel »Sexualität und Partnerschaft bei geistig behinderten Menschen«. An so einem Fortbildungstag können maximal 30 Personen teilnehmen, er dauert von 9 bis 16 Uhr.

Der Ablauf ist etwa so: In einem Einführungsreferat weist die Seminarleiterin (oder der Leiter) auf die Besonderheiten bei der Sexualität geistig behinderter Erwachsener hin: auf ihren Informationsmangel (sie verstehen nicht, was sie hören oder sehen), auf ihren eingeschränkten Intimitätsbereich (Betreuer sind überall) und auf ihre Schwierigkeiten bei der Partnerwahl (viele Behinderte wissen nicht, wie man sich einem anderen Menschen angemessen und auf sympathische Weise nähert).

Damit die Teilnehmer der Fortbildung sich untereinander besser kennenlernen und jeder zu Wort kommt, zeigt die Leiterin zehn Bilder: Gemälde von Paaren aus verschiedenen Jahrhunderten, von Michelangelo, von Toulouse-Lautrec, eine Darstellung aus dem alten China. Jeder Teilnehmer wählt das Bild, das ihm am besten gefällt. (Gefällt ihm keins, zeigt er das, was ihm am wenigsten zusagt.) Die Teilnehmer werden in kleine Gruppen aufgeteilt, und jeder spricht zunächst in dieser Gruppe, später vor allem, über »sein« Bild und begründet seine Wahl – und gibt damit seine Einstellung zur Sexualität zu erkennen.

Verblüffend häufig werden harmonische, »kuschelige« Darstellungen von Liebespaaren gewählt. »Das ist liebevoll, zärtlich, da fühle ich mich geborgen«, sagen die Teilnehmer. Kaum einer erkennt Sexualität als Spannungsfeld, auf dem es auch um Macht und Aggressionen geht. Wer ein so harmonisiertes Bild von Sexualität hat, ist natürlich erschrocken, wenn er in Heimen und Wohngruppen ganz andere Dinge erlebt. Die Teilnehmer sprechen auch über die häufigsten Probleme, die sie an ihrem Arbeitsplatz haben. Manche Behinderte onanieren, Frauen knöpfen ihre Bluse auf und zeigen sich, manche sind sehr stürmisch zudringlich. In einem Körpererfahrungsprogramm lernen die Teilnehmer, wie man sich berührt, wenn man Kontakt aufnehmen will, wie man jemanden abweist, ohne ihn zu verletzen. Es ist erstaunlich, wie viele da sehr unsicher sind. Und es ist geradezu verblüffend, wie viele sich mit den biologischen Zusammenhängen gar nicht richtig auskennen, nicht wissen, wie die Eileiter funktionieren, was bei der Menstruation genau passiert. Dazu gibt es Informationsmaterial.

Am Schluß des Fortbildungstages stellen die Teilnehmer Unterrichts- und Anschauungsmaterial zusammen, indem sie aus Zeitschriften-Fotos Collagen machen. Jeder muß sich überlegen, welcher Einstieg ihm geeignet scheint, um mit Behinderten über Sexualität zu reden – entsprechend wird er seine Bilder wählen. Und er wird – eventuell – seine eigene Einstellung zur Sexualität überdenken.

Eine gute Hilfe, das Gelernte und Erfahrene in der Praxis anzuwenden, bietet das Buch: *Sexualpädagogische Materialien für die Arbeit mit geistig behinderten Menschen*, Bundesvereinigung Lebenshilfe (Hrsg.). Beltz Verlag.

Hier wird in sehr anschaulicher Weise dargestellt, wie man Kurse für geistig behinderte Menschen konzipiert, wie man dazu einlädt, wie und welche Lerninhalte vermittelt werden. Praktische Beispiele für Körpererfahrungsspiele, Themen, Ideen, dazu schnörkellose Zeichnungen zu Körperfunktionen und Verhütung und immer wieder Übungen und Spiele machen diese Arbeitshilfe zum wichtigen Begleiter der Profis in der Erwachsenenbildung. Das Buch ist aber auch für Eltern nützlich, die wissen möchten, wie sie Tochter oder Sohn möglichst unaufdringlich aufklären.

6. Sexueller Mißbrauch

Genaue Zahlen gibt es nicht. Fachleute, in diesem Fall Kriminologen, schätzen, daß in der Bundesrepublik jedes vierte Mädchen und jeder 15. Junge im Laufe seiner Kindheit mehr oder weniger schwer mißbraucht wird. Jährlich werden 100 000 bis 200 000 Frauen vergewaltigt. Die Dunkelziffer bei »Straftaten gegen sexuelle Selbstbestimmung«, so die offizielle Bezeichnung, ist hoch, denn die meisten Fälle werden gar nicht angezeigt, weil die mißbrauchten Frauen sich schämen und sich vor den Vernehmungen und Verhandlungen fürchten. In den Kriminalstatistiken werden Vergewaltigung und sexuelle Nötigung von Menschen mit geistiger Behinderung nicht extra erfaßt. Bei einer Fragebogen-Erhebung[1], die in Einrichtungen der Behindertenhilfe gemacht wurde, gaben 51,3 Prozent der Befragten an, ihnen seien Fälle von sexueller Gewalt an geistig behinderten Menschen in ihrer Einrichtung bekannt. Nach vielen Studien, unter anderem einer der Universitäts-Frauenklinik Köln, sind Täter und Opfer nur selten einander fremd. Man geht davon aus, daß 75 Prozent der Täter aus dem nahen und nächsten familiären Umfeld kommen. Bei geistig behinderten Menschen ist Mißbrauch durch nahestehende Bezugspersonen wahrscheinlich noch häufiger als bei gleichaltrigen Nichtbehinderten.

Auf einer Fachtagung zu diesem Thema berichteten Teilnehmerinnen und Teilnehmer (meist Angestellte in Behin-

---

1 Cornelia Noack/Hanna Schmid: »Sexuelle Gewalt gegen Menschen mit geistiger Behinderung – eine verleugnete Realität«, Stuttgart/Esslingen 1994

derten-Einrichtungen) spontan von ein oder zwei Fällen sexueller Übergriffe in ihrem Arbeitsbereich. Von einem Pfleger war da die Rede, dem beim Waschen der Geschlechtsorgane einer geistig behinderten Frau »immer mal wieder der Schwamm aus der Hand fällt«, so daß er sie direkt berühren kann. Gesprochen wurde von Vergewaltigungen durch Heim- oder Werkstattleiter, durch Heiminsassen in den Einrichtungen, durch Väter, Onkel, Nachbarn, Freunde der Familie im Elternhaus.

Der sexuelle Mißbrauch einer geistig behinderten Frau gilt in der öffentlichen Meinung noch immer nicht als ganz so schlimm wie die Vergewaltigung einer nicht behinderten. Daß das leider so ist, läßt sich im großen und ganzen wohl auf drei Annahmen zurückführen.

Argumentiert wird meistens so:

1. *Geistig Behinderte haben in der Regel ein schlechtes Langzeitgedächtnis. Sie verstehen gar nicht so recht, was ihnen passiert ist, und sie vergessen es bald wieder.*
Das stimmt so nicht. Auch geistig behinderte Menschen haben Schamgefühl, Stolz und Würde. Wer ihnen das abspricht, macht es sich zu einfach.

2. *Geistig Behinderte wissen gar nicht, was sexuelle Selbstbestimmung ist. Sie empfinden deshalb sexuelle Übergriffe nicht als außergewöhnlich.*
Dieses Argument ist zum Teil richtig. Viele geistig Behinderte brauchen Hilfe. Sie können sich nicht allein anziehen, ausziehen, waschen. Eine Intimsphäre kennen sie nicht. Sie sind daran gewöhnt, ohne ihr spezielles Einverständnis untersucht, behandelt, gepflegt zu werden. Sexuelle Manipulationen lassen sie daher auch eher über sich ergehen. Ein Freibrief für Vergewaltiger darf dieses Verhalten aber keinesfalls sein.

*3. Geistig Behinderte suchen Zuneigung, Wärme, Zärtlich-
keit. Ihren Wunsch danach können viele von ihnen nicht in
Worte fassen, sie drücken sich durch ihre Körpersprache
aus – indem sie selbst zärtlich werden.*

Viele Männer mißverstehen eben diese Signale. Sie halten
sie für eine Aufforderung zu sexuellen Übergriffen. Mit der
fadenscheinigen Rechtfertigung von Sexualstraftätern, »Sie
hat es doch selbst gewollt«, müssen sich schon nichtbehinderte Frauen konfrontieren lassen, geistig behinderte erst
recht. Und wenn das Opfer so zum Mitschuldigen gemacht
ist, wird ihm auch die Glaubwürdigkeit abgesprochen. Was
ist die Aussage einer geistig behinderten Frau vor Gericht
wert? Wenig. Betreuer ermutigen sie deswegen häufig gar
nicht, Anzeige zu erstatten. Sie befürchten zu Recht, daß
eine geistig behinderte Frau, die Opfer eines Sexualdelikts
ist, die Vernehmungen und Verhandlungen nicht verkraf-
tet, zusätzlich psychisch geschädigt wird.

Als Schutz vor sexuellem Mißbrauch gibt es nach Ansicht
der Teilnehmer der Fachtagung nur ein Konzept: sexualpädagogische Aufklärung, immer wieder, nicht nur bei
geistig behinderten Kindern und Jugendlichen, sondern
auch bei Erwachsenen.

In den USA, aber auch bei uns lernen die Behinderten
sexuelle Selbstbestimmung vor allem durch Rollenspiele.
Sie üben zu unterscheiden, welche Körperteile durch welche
Personen berührt werden dürfen. Und sie bekommen einen
Satz immer wieder gesagt: »Say no, get away, and tell so-
meone!« – »Sag nein, mach, daß du wegkommst, und sprich
gleich mit jemandem darüber!«

Wichtig ist für Eltern und Betreuer vor allem die Frage:
Wie erkennt man, ob ein Kind mißbraucht wurde oder
wird?

Es gibt – ganz grob gesagt – zwei Verhaltensauffälligkeiten:

Entweder ist das Kind in sich gekehrt, sitzt herum, wirkt

bedrückt, mag nicht essen, näßt ein, schläft schlecht, hat Angst allein zu sein, läuft eventuell von zu Hause fort,

oder:

Es wird plötzlich kokett, setzt sich Erwachsenen auf den Schoß, drängelt sich heran. Es hat gemerkt, daß es durch Sex Zuwendung bekommt, und versucht, dieses Wissen zu nützen.

Zusätzlich gelten das Zubettgehen in mehreren Schlafanzügen übereinander, das Herumliegenlassen von geräuscherzeugenden Gegenständen in der Nähe des Bettes und/oder der immer wieder geäußerte Wunsch, bei den Geschwistern zu schlafen als Eigenschutzversuche des Kindes.

Doch extreme Vorsicht ist geboten. Solches Verhalten ist ein Warnzeichen, kein Beweis! Während sich noch vor einiger Zeit die Öffentlichkeit sehr betroffen von der Vielzahl der Fälle des sexuellen Mißbrauchs zeigte, hört man jetzt auch andere Töne. Nämlich: Mit missionarischem Eifer geradezu würden Erzieher und Erzieherinnen auch die kleinste Verhaltensänderung eines Kindes sofort auf sexuellen Mißbrauch zurückführen. Sie bombardieren das Kind daraufhin solange mit Suggestivfragen, bis der Tatbestand des sexuellen Mißbrauchs belegt zu sein scheint. Vielleicht kommt es zu einer Anklage des Vaters, des Stiefvaters, des Betreuers, des Lehrers. Vielleicht wird der später freigesprochen, weil sich die Vorwürfe als haltlos erweisen. Doch der Makel bleibt. Und der durch die Überreaktion eines Erziehers oder einer Erzieherin allseits angerichtete Schaden ist riesengroß.

Sexueller Mißbrauch zieht sich meist über Jahre. So quälend es ist: BetreuerInnen, die sexuellen Mißbrauch vermuten, müssen sich viel Zeit und Geduld nehmen.

Häufig läuft es tatsächlich so – und falsch:[2] Eine Erzieherin vermutet, daß ein Kind sexuell mißbraucht wird. »Die

2 Zitiert nach der Berliner Tageszeitung *taz* vom 22. Oktober 1993

Kleine greift den Jungs in der Gruppe an die Hose, zieht sich oft aus und redet von Schwanz und Muschi. Neulich hat sie sogar vom großen Pipimann ihres Vaters erzählt.«

Irgendwann hält es die Erzieherin nicht mehr aus. Zwischen Tür und Angel schildert sie der Mutter ihren Verdacht. Kann es sein, daß das Kind Opfer sexuellen Mißbrauchs ist? Ob vielleicht der Vater ...?

Die Reaktion: Empörung, Unglauben. Zu Hause spricht die aufgelöste Mutter sofort den Vater an.

Die Eltern sind sich einig: Üble Unterstellung! Wenn das Kind sich so eigenartig verhält, kann es das wohl nur von den anderen Kindern haben.

Das Paar schließt sich noch enger zusammen, schimpft mit dem Kind oder nimmt die Kleine sogar aus der Einrichtung. Wenn tatsächlich der Vater sein Kind sexuell mißbraucht, kann er jetzt in Ruhe weitermachen. Wenn nicht, hat das Kind dennoch Schaden gelitten.

So soll man also nicht vorgehen. Wie denn? Zunächst unauffällig und behutsam mit dem Kind sprechen. Als Zeichen für Glaubwürdigkeit gilt, wenn das Kind nicht nur erzählt, wo und wie es den Mißbrauch erlebt, sondern wenn es auch über die Reaktionen des Täters berichten kann.

Das Schwierige ist aber nun, daß die wenigsten geistig behinderten Kinder über sexuellen Mißbrauch sprechen. Entweder aufgrund ihrer Behinderung oder aber, weil der Täter ihnen Schlimmstes angedroht hat. Es braucht also lange Zeit, bis die Erzieherin das Vertrauen des Kindes so vollständig hat, daß es über sein »Geheimnis« spricht.

Die Erzieherin sollte sich in dieser Zeit unbedingt Hilfe holen: bei Kollegen, Vorgesetzten, Beratungsstellen, eventuell dem Jugendamt. Ist die Beweislage endlich klar, wird die Mutter nur dann benachrichtigt, wenn sie als zugänglich gilt. Viele Frauen stellen sich ja vehement vor ihren Mann, ihren Freund, um die Familie auf Gedeih und Verderb zu schützen.

Einig sind sich die Experten: Wenn die Konfrontation mit dem Täter erfolgt, muß bereits die Möglichkeit geschaffen sein, daß das Kind sofort getrennt vom Täter untergebracht wird. Ist die Reaktion der Mutter nicht vorherzusehen oder ist zu erwarten, daß sie den Täter deckt, muß das Vormundschaftsgericht zuvor einen Bescheid auf den einstweiligen Entzug des Aufenthaltsbestimmungsrechts erstellen. Allerdings: Nicht das Kind sollte ins Heim gebracht werden – wie es heute meist geschieht –, sondern der Täter in Untersuchungshaft.

Die Sexualstrafrechts-Reform, die 1997 in Kraft trat und unter anderem Vergewaltigung in der Ehe unter Strafe stellt, soll behinderte Menschen besser vor Mißbrauch schützen. Erweitert wurde § 177 des Strafgesetzbuches. Dort steht jetzt:

»Wer eine Frau mit Gewalt und Drohung mit gegenwärtiger Gefahr für Leib oder Leben unter Ausnutzung einer Lage, in der das Opfer der Einwirkung des Täters schutzlos ausgeliefert ist, zum Beischlaf mit ihm oder einem Dritten nötigt, wird mit Freiheitsstrafe nicht unter zwei Jahren bestraft.«

Täter behaupten immer wieder, die vergewaltigte oder genötigte Frau habe freiwillig mitgemacht – ganz ohne Drohung und Gefahr. Durch die Ergänzung des Paragraphen sollen Frauen geschützt werden, die vor Angst wie gelähmt sind oder zunächst nicht ahnen, was ihnen passiert. Das gerade ist häufig bei Frauen mit einer geistigen Behinderung der Fall.

7. Welche Verhütungsmethoden kommen für geistig behinderte Menschen in Frage?

Die Pille

Sie ist das sicherste Mittel zur Empfängnisverhütung. Ihr Pearl-Index liegt unter 1[1].

Die Pille unterdrückt den Eisprung. Sie kann gut auf den individuellen Hormonhaushalt einer Frau abgestimmt werden. Ein-Phasen-Pillen enthalten immer die gleiche Mischung der weiblichen Sexualhormone Östrogen und Gestagen.

Zwei-Phasen-Pillen enthalten in der ersten Einnahmephase nur Östrogen, in der zweiten Phase Östrogen und Gestagen.

Bei Drei-Phasen-Pillen ist das Gemisch aus Östrogen und Gestagen in jeder Einnahmephase unterschiedlich, entsprechend dem natürlichen Auf und Ab im Hormonhaushalt der Frau.

Neu ist eine Mikrophasenpillen. Sie enthält in den ersten sieben Tagen niedrigst dosiertes Östrogen und noch weniger Gestagen. In den folgenden 15 Tagen wird der Östrogenanteil noch gesenkt, der Gestagenanteil leicht angehoben, bleibt aber 30 Prozent unter den von Mikropillen. Diese Pille soll die hormonelle Belastung weiter reduzieren.

Anwendung der Präparate: Die Frau schluckt täglich eine Pille. Nach 21 bzw. 22 Tagen folgt bei den meisten Produkten eine sechs- oder siebentägige Einnahmepause. Manche Präparate enthalten für diese sechs oder sieben Tage ein Pla-

---

1 Der Pearl-Index gibt an, wie viele von hundert Frauen, die ein Jahr lang die Methode korrekt anwenden, trotzdem schwanger werden.

cebo, also Pillen ohne Wirkstoff, damit die Frau nicht aus dem Einnahme-Rhythmus kommt. Für geistig behinderte Frauen ist das ein Vorteil. Sie (oder ihre Betreuer) brauchen nicht zu rechnen, wann nach der einwöchigen Pause mit der Pilleneinnahme wieder begonnen werden muß. Denn die Pille muß pünktlich genommen werden. Vergißt eine Frau die Einnahme für mehr als 24 Stunden, kann es zum Eisprung kommen. Der Empfängnisschutz ist dann nicht mehr wirksam.

Nachteile: Durch die ständige Hormonzufuhr können Migräne, Übelkeit, Nervosität, Gewichtszunahme, Spannen in den Brüsten und Veränderungen des Sexualempfindens (womit weniger Lust auf Sex gemeint ist) auftreten. Die modernen Präparate, die sogenannten Mikropillen, sind sehr niedrig dosiert, so daß es selten zu solchen Nebenwirkungen kommt. Allerdings sollten Frauen über 35 und starke Raucherinnen die Pille nur nach Rücksprache mit dem Arzt nehmen, da das Risiko für Gefäßerkrankungen (Thrombosen) dann steigt.

Wechselwirkungen kann die Pille in Zusammenhang mit anderen Medikamenten haben, zum Beispiel mit Präparaten, die eine Epileptikerin nehmen muß. Auch durch Erbrechen oder Durchfälle und bei Einnahme von Antibiotika oder Abführmitteln kann der Empfängnisschutz der Pille unterbrochen werden.

Zu Unrecht ins Gerede gekommen sind bestimmte Pillen der sogenannten »dritten Generation«, weil das Bundesinstitut für Arzneimittel und Medizinprodukte (BfArM) 1995 eine Anwendungsbeschränkung aussprach. Das heißt, Ärzte dürfen Mädchen und Frauen unter 30, die zum erstenmal mit der Pille verhüten wollen, bestimmte Präparate[2] nicht verschreiben. Frauen, die diese Pillen schon länger

---

2 Dazu gehören: Biviol, Cetenyl, Dimirel, Femovan, Lovelle, Marvelon, Minulet, Oviol.

und ohne Probleme nehmen, sind also nicht betroffen. Das Besondere bei Pillen der dritten Generation: Sie enthalten außer Östrogenen die Gestagene Desogestrel oder Gestoden. Und gerade diese Gestagene stehen im Verdacht, bei jungen Frauen das Thromboserisiko zu erhöhen. Die Warnung des BfArM gilt vor allem für Frauen[3], die an einer ererbten Störung des Gerinnungssystems leiden und das vielleicht gar nicht wissen. Besonders bei ihnen können Pillen der dritten Generation die Gefahr von Gefäßerkrankungen erhöhen. Der Arzt wird bei einer Erstverordnung also eingehend nach der Familiengeschichte fragen (gab es Schlaganfälle oder Thrombosen in der Verwandtschaft?) und eventuell eine Blutuntersuchung veranlassen. Erst wenn die Ergebnisse vorliegen, wird er entscheiden, welche Pille die risikoärmste ist oder ob die Frau überhaupt keine Hormone nehmen, sondern anders verhüten sollte.

Die Dreimonatsspritze

Ihr Pearl-Index liegt ebenfalls unter 1. Die Frau bekommt alle drei Monate eine hohe Dosis Gestagen in den Po-Muskel gespritzt.

Da man an die Verhütung nur viermal im Jahr denken muß, ist diese Methode für geistig behinderte Frauen sehr praktisch und wird besonders bei Heimunterbringung am häufigsten angewandt. Allerdings ist sie umstritten, denn abgesehen von der Belastung durch die Hormone (Nebenwirkungen etwa wie bei der Pille), können langanhaltende Schmierblutungen und Zyklusstörungen auftreten. Viele Frauen bekommen ihre Regel gar nicht, was manche Betreuer als Vorteil ansehen, was aber zu Lasten der Gesundheit der Frau geht.

3 Schätzungsweise sieben Prozent der weiblichen Bevölkerung

Die Spirale

Ihr Pearl-Index liegt zwischen 1 und 5, ist also nicht so sicher wie die hormonelle Kontrazeption. Die Spirale wird vom Arzt eingesetzt und bleibt drei bis fünf Jahre in der Gebärmutter. Sie verhindert entweder, daß Ei- und Samenzelle zusammenkommen, oder daß sich die befruchtete Eizelle in die Gebärmutter-Schleimhaut einnistet.

Nachteile: Bei vielen Frauen, die eine Spirale tragen, sind die Regelblutungen stärker, länger und schmerzhafter als vorher. Das Risiko von Unterleibsentzündungen und Eileiter-Schwangerschaften ist vor allem bei sehr jungen Frauen erhöht. Bei Frauen, die noch nicht geboren haben, kann das Einsetzen der Spirale schmerzhaft sein.

Als Neuentwicklung gibt es die Hormonspirale[4]. Statt Kupfer hat sie ein Gestagen-Depot, aus dem das Hormon drei Jahre lang freigesetzt wird. Es verdickt den Zervikalschleim und verhindert auf diese Weise die Befruchtung. Die hormonelle Belastung ist deutlich geringer als bei der Pille. Die Monatsblutung tritt weniger stark auf, was von vielen Frauen als sehr angenehm empfunden wird.

Gels, Cremes, Zäpfchen

Sie bilden einen zähen Schaum in der Scheide, der die Samenfäden unbeweglich macht. Bei dieser Verhütungsmethode liegt der Pearl-Index zwischen 1 und 50. Die chemischen Mittel müssen einige Minuten vor dem Sex tief in die Scheide eingeführt werden. Nur sehr umsichtige geistig behinderte Frauen können damit umgehen. Oder aber: Ein verantwortungsvoller (nicht behinderter) Partner achtet darauf, daß die Mittel richtig angewendet werden.

4 Markenname »Mirena«, Hersteller Schering

Nachteile: Die Methode ist sehr unsicher, abhängig davon, wie genau man die Anwendungshinweise beachtet. Bei manchen Frauen verursachen die Mittel ein brennendes Gefühl in der Scheide.

Die »Pille danach«

Sie ist kein Verhütungsmittel, sondern eine umstrittene Notbremse. Hat eine Frau um die »gefährliche« Zeit des Eisprungs, also etwa in der Mitte ihres Zyklus, ohne Verhütungsmittel mit ihrem Partner geschlafen und fürchtet sie, schwanger geworden zu sein, kann sie sich vom Arzt zum Beispiel »Tetragynon« verschreiben lassen. Sie bekommt dann vier Pillen, die sie innerhalb von 48 Stunden nach dem Sex einnehmen muß. Die Pillen enthalten Östrogen und Gestagen und verhindern, daß sich das befruchtete Ei in der Gebärmutterschleimhaut festsetzt. Die »Pille danach« hat erhebliche Nebenwirkungen: Übelkeit, Erbrechen, Bauchschmerzen, verstärkte Blutungen. Sie ist deswegen wirklich nur im Notfall einzusetzen.

Die folgenden Verhütungsmethoden gelten als nicht geeignet für geistig behinderte Frauen:

Die Minipille

Sie enthält nur Gestagen, unterdrückt nicht den Eisprung, verdickt aber den Schleim am Gebärmutterhals, so daß die Samenfäden nicht in die Gebärmutter aufsteigen können. Die Minipille muß pünktlich alle 24 Stunden genommen werden. Schon bei drei Stunden Verzögerung ist der Empfängnisschutz nicht mehr gewährleistet.

Das Diaphragma

Es ist eine Gummimembran mit einem elastisch verstärkten Rand, der vor dem Geschlechtsverkehr mit samentötender Creme bestrichen wird. Die Frau führt das Diaphragma bis zum Muttermund in die Scheide ein. Dort muß es nach dem Verkehr sechs Stunden bleiben, damit die Creme auf die Samenfäden wirken kann. Das Diaphragma wird vom Arzt angepaßt. Der Umgang damit erfordert mehr Disziplin und Fingerspitzengefühl als von geistig behinderten Frauen erwartet werden kann.

Auch mit den sogenannten natürlichen Verhütungsmethoden, bei denen durch Messen der morgendlichen Körpertemperatur oder durch Überprüfen des Vaginalschleims der Zeitpunkt des Eisprungs festgestellt werden kann, sind geistig behinderte Frauen überfordert.

Und was gibt es für geistig behinderte Männer?

Bislang leider nur das Kondom. Da mit der Anwendung schon viele nichtbehinderte Männer ihre Probleme haben, ist es für geistig behinderte Männer nur in Ausnahmefällen zu empfehlen. Die »Pille für den Mann« wird es sobald nicht geben, sondern eventuell eine Spritze. Sie enthält das männliche Hormon Testosteron und senkt die Samenproduktion für drei bis sechs Monate. Allerdings: Noch gibt es keinen Pharmakonzern in Deutschland, der diese Spritze herstellen und vermarkten will. Man fürchtet wohl, nicht genug anwendungsbereite Männer zu finden ...

8. Was passiert bei der Sterilisation?

In der Bundesrepublik lassen sich jährlich etwa 100 000 Frauen sterilisieren. Bei den Männern, deren Sterilisation weniger kompliziert und weniger gefährlich ist, stieg die Zahl stark an. 1996 lag sie bei 48 000.

Diese Zahlen beziehen sich auf gesunde Männer und Frauen, die sich entschieden haben, keine Kinder (mehr) zu bekommen. Wie viele geistig behinderte Menschen sich freiwillig sterilisieren lassen, ist nicht bekannt. Eine Zahl allerdings gibt es, und die ist alarmierend: Nach Schätzungen des Bundesjustizministeriums wurden vor dem Inkrafttreten des Betreuungsgesetzes jährlich mehr als 1000 geistig behinderte Menschen ohne ihre Einwilligung sterilisiert. Bei den meisten von ihnen handelt es sich um minderjährige Mädchen.

Wenn Eltern die Sterilisation ihrer geistig behinderten Tochter, ihres geistig behinderten Sohnes in Betracht ziehen, sollten sie sich zunächst über Operationsmethoden und Risiken informieren.[1]

Wie wird eine Frau sterilisiert?

Der Eingriff wird immer unter Vollnarkose durchgeführt. Voraussetzungen dafür sind ein gesundes Herz und ein stabiler Kreislauf. Der Arzt wird also den Blutdruck messen

---

1 Informationsbroschüren und Beratung gibt es bei PRO FAMILIA, Deutsche Gesellschaft für Familienplanung, Sexualpädagogik und Sexualberatung e. V., Stresemannallee 3, 60596 Frankfurt.

und ein EKG schreiben und – da ein Eingriff in die Bauchhöhle bevorsteht, der zu Blutungen führen kann – auch die
Blutgruppe bestimmen. Wichtig ist, daß die Frau gesund ist,
keine Unterleibsentzündungen hat und nicht schwanger ist.
Unfruchtbar gemacht wird eine Frau, indem man ihre Eileiter unterbricht. Dazu gibt es drei Verfahren:

1. Die Elektro-Koagulation
Dabei wird jeweils ein Stück der beiden Eileiter abge-
klemmt. Durch die beiden Arme der Klemme schickt der
Arzt Strom, der die Eileiter an diesen Stellen verschließt.

2. Die Thermo-Koagulation
Die Klemme an den Eileitern wird aufgeheizt. Durch die
Wärme »verkocht« das Eileiter-Gewebe. Da es allerdings
schon vorgekommen ist, daß der Schorf, der an den behan-
delten Stellen entsteht, abgestoßen wird, und über eine Ge-
webebrücke der Eileiter doch wieder zusammenwächst,
schneidet man, um ganz sicher zu sein, noch ein kleines
Stückchen aus jedem Eileiter heraus.

3. Das mechanische Verfahren
Jeder Eileiter wird mit einem Kunststoffclip zusammenge-
klemmt. Dabei muß der Clip so eng sitzen, daß der Hohl-
raum im Eileiter verschlossen ist, die Durchblutung aber
nicht gestört wird. Dieses Verfahren ist nicht ganz so sicher
und wird deshalb auch nicht mehr so häufig angewandt. Den
Vorteil der Methode sah man anfangs darin, daß das Ge-
webe nicht zerstört, der Clip also wieder entfernt werden
kann, falls die Frau sich später doch noch ein Kind wünscht.
So einfach scheint das aber nicht zu sein. Es hat sich gezeigt,
daß nach einer Clip-Sterilisation nicht nur der Clip, sondern
auch das gequetschte Eileitergewebe entfernt werden muß.
Das verringert die Chancen auf eine spätere Schwangerschaft.

Wie wird operiert?

Bei der *Bauchspiegelung (Laparoskopie)*, der am häufigsten angewandten Methode, sticht der Arzt eine Hohlnadel am Bauchnabel durch die Bauchdecke und schiebt da hindurch das Laparoskop, das Sichtgerät, an dem eine winzige Lampe und eine Mini-Videokamera befestigt sind. Sie überträgt die Bilder aus dem Bauchraum auf einen Monitor. Der Chirurg sieht also immer genau, was er tut. Damit die Sicht auch optimal ist, wird durch die Hohlnadel Kohlendioxid-Gas in den Bauchraum geleitet. Dadurch hebt sich die Bauch-decke, und die einzelnen Organe sind deutlicher sichtbar und besser zugänglich.

Durch zwei weitere winzige Schnitte rechts oder links oberhalb der Schamhaargrenze wird das eigentliche Opera-tionsgerät in den Bauch geschoben, und die Eileiter werden nach einem der oben genannten Verfahren verschlossen. Das dauert zwischen zehn Minuten und einer halben Stunde.

Komplikationen kann es geben, wenn der Arzt mit der Gaskanüle nicht gleich in den Bauchraum vordringt. Dann strömt das Kohlendioxid in die verschiedenen Schichten der Bauchdecke und verdickt sie, statt sie anzuheben. Die Ope-ration muß abgebrochen werden.

Bei stark übergewichtigen Frauen ist diese Komplikation besonders häufig, deswegen wird das Gas bei ihnen durch die Scheide und nicht durch die Bauchdecke eingeführt. Bei etwa fünf Prozent der laparoskopischen Sterilisationen kann es durch das Gas zu Herz- und Kreislaufstörungen kommen. Bei einem Prozent gibt es Blutungen, weil der Arzt bei die-ser sogenannten geschlossenen Laparoskopie die Hülse für das Laparoskop »blind« einführen muß. Dabei können grö-ßere und kleinere Blutgefäße, mitunter auch eine Darm-schlinge, verletzt werden.

Um das zu vermeiden, machen manche Ärzte eine *offene*

Laparoskopie. Dabei wird durch einen tieferen Schnitt unterhalb des Nabels das Bauchfell geöffnet, so daß der Arzt die inneren Organe sehen kann. Erst danach werden Gas und Laparoskop eingeführt. Dieses Verfahren dauert etwas länger, das Verletzungsrisiko ist aber wesentlich geringer.

Ein bis zwei Tage lang haben Frauen nach der Sterilisation leichte, ziehende Schmerzen im Unterleib und eine Art Muskelkater, der durch ein Medikament verursacht wird, das die Patientin während der Operation zur Entspannung der Bauchmuskeln bekommt. Viele Frauen klagen außerdem über Schulterschmerzen. Sie entstehen durch das Gas im Bauch. Es reizt einen Nerv, der über das Zwerchfell bis in die Schultern geht. Meist lassen diese Schmerzen aber schon am ersten Tag nach der Operation nach.

Laparoskopische Sterilisationen werden mittlerweile auch ambulant durchgeführt. Nach dem Erwachen aus der Narkose und einer Ruhepause von zwei bis drei Stunden können die Frauen nach Hause gefahren werden. Sie sollten sich dort aber auf jeden Fall noch ein paar Tage schonen, denn mit körperlicher Belastung erhöht sich die Gefahr von Nachblutungen. Der Termin für die gynäkologische Nachuntersuchung ist eine Woche nach dem Eingriff. Dabei werden auch die Fäden gezogen, mit denen die kleinen Einschnittstellen vernäht worden sind.

Bei der *Laparotomie* macht der Arzt einen etwa zehn Zentimeter langen Schnitt an der Schamhaargrenze. So kann er noch besser als bei der offenen Laparoskopie in den Bauchraum blicken. Dieses Verfahren ist dann sinnvoll, wenn eine Frau zum Beispiel Verwachsungen im Bauchraum hat und eine laparoskopische Sterilisation unmöglich ist.

Da der Arzt jetzt ein größeres Operationsfeld hat, kann er die Eileiter durchtrennen und in einer Falte des Bauchfells vernähen. Er kann auch Clips setzen. Elektro- oder Thermo-Koagulation sind bei der Laparotomie unüblich.

Die Komplikationsgefahr bei der Laparotomie ist durch den größeren Bauchschnitt leicht erhöht. Die Wundschmerzen sind in den ersten Tagen mit Schmerzmitteln erträglich. Nach einer Laparotomie muß die Patientin etwa eine Woche im Krankenhaus bleiben.

Und so reagiert der Körper auf die Sterilisation: Die Eizellen, die durch die Unterbrechung der Eileiter nicht mehr in die Gebärmutter gelangen können und nicht wie sonst mit der Monatsblutung abgestoßen werden, resorbiert nun der Körper. Die Eierstöcke funktionieren normal, der Hormonhaushalt ist nicht gestört, der Monatszyklus bleibt erhalten.

Wie sind die Chancen, wieder fruchtbar zu werden?

Eine laparoskopische Sterilisation kann zwar wieder rückgängig gemacht werden, indem man die Eileiter durch mikrochirurgische Eingriffe wieder verbindet, aber die Chancen, danach schwanger zu werden, sind gering.

Anders ist es bei den laparotomischen Sterilisationen. Vorausgesetzt, es haben sich keine größeren Verwachsungen gebildet, können je nach vorangegangener Operationsart bei circa 30 Prozent der Frauen durch einen erneuten Eingriff die Eileiter wieder durchgängig gemacht werden, aber nicht alle, bei denen das gelingt, werden danach tatsächlich schwanger.

Sterilisation durch Entfernung der Gebärmutter

Die umstrittenste Methode, eine Frau unfruchtbar zu machen, ist die Hysterektomie, die Entfernung der Gebärmutter. Sie sollte nur angewandt werden, wenn die Gebärmutter selbst erkrankt ist. Diese wird durch einen Bauchschnitt oder durch die Scheide entfernt. Schwere Komplikationen treten nach der Hysterektomie bei vier Prozent der operierten Frauen auf, die mindestens zwei Wochen nach dem Eingriff im Krankenhaus bleiben müssen: Nachblutungen, Entzündungen, Darmlähmungen, Harnwegsinfekte, Fieber, Abszesse in der Bauchdeckennarbe. Die Wundschmerzen sind stark und machen in den ersten drei Tagen den Einsatz von Schmerzmitteln erforderlich.

Nach der Hysterektomie kann eine Frau nie wieder fruchtbar werden. Sie bekommt ihre monatliche Regel nicht mehr, obwohl der monatliche Zyklus normal abläuft. Die Eierstöcke produzieren jeden Monat weiterhin eine reife Eizelle. Sie wird durch die funktionslosen Eileiter allerdings nicht mehr aufgenommen, gelangt in die Bauchhöhle und wird dort von körpereigenen Freßzellen verdaut.

Sterilisation des Mannes

Sie ist wesentlich einfacher, dauert etwa eine halbe Stunde und kann ambulant durchgeführt werden. Der Mann bekommt eine örtliche Betäubung durch Spritzen am Hodensack, dann wird durch zwei kleine Schnitte rechts und links der direkt unter der Haut liegende Samenstrang durchtrennt. Damit ist die Verbindung zwischen Hoden (wo die Samen produziert werden) und Samenbläschen (wo die Samen gespeichert werden) unterbrochen. Der Mann ist zeugungsunfähig.

An der Potenz des Mannes ändert sich durch die Sterilisation nichts. Er kommt nach wie vor zum Orgasmus, und er hat dabei auch eine Ejakulation. Das Ejakulat besteht dann nur noch aus Sekreten, die normalerweise ohnehin 95 Prozent des Samenergusses ausmachen.

Zu beachten ist, daß noch bis zu drei Monaten nach der

Sterilisation Samen im Samenbläschen vorhanden sein können. Erst ein Vierteljahr nach dem chirurgischen Eingriff ist der Mann also zuverlässig zeugungsunfähig.

Refertilisation des Mannes

Die Chancen der Refertilisierung sind beim Mann besser als bei der Frau. Den Chirurgen gelingt es bei 60 bis 80 Prozent der Männer, die ihre Sterilisation bereuen und wieder zeugungsfähig werden wollen, die Samenleiter wieder durchgängig zu machen. Doch nur die Hälfte dieser erfolgreich operierten Männer zeugt danach wirklich ein Kind. Bei der anderen Hälfte sind aus bisher noch ungeklärten Gründen die Samenfäden taub, das heißt, sie bewegen sich nicht, können die Eizelle also auch nicht befruchten.

Buchtip:
Sterilisation. Entscheidungshilfen für Männer und Frauen von Angelika Blume, rororo Sachbuch. Der Band richtet sich zwar an Nichtbehinderte, beschreibt aber Operationstechniken und Risiken so genau, daß er auch für Eltern geistig Behinderter ein wichtiger Ratgeber ist.

9. Unter welchen Voraussetzungen dürfen geistig behinderte Menschen sterilisiert werden?

Bis 1992 gab es keine Paragraphen, die diese Frage eindeutig regelten. Rechtlich gesehen ist der Eingriff – wie jede andere Operation – eine Körperverletzung, für die der Arzt die Einwilligung des Betroffenen braucht. § 226a des Strafgesetzbuches heißt: »Wer eine Körperverletzung mit Einwilligung des Verletzten vornimmt, handelt nur dann rechtswidrig, wenn die Tat trotz der Einwilligung gegen die guten Sitten verstößt.«

Ein Arzt, der vor einigen Jahren eine geistig behinderte Frau sterilisierte, begab sich auf gefährliches Gebiet. Denn meist geschah dies auf Wunsch der Eltern, heimlich, getarnt als Blinddarmoperation oder als Bauchspiegelung (»Der Arzt muß da mal reingucken, ob bei dir alles in Ordnung ist«). Nach Schätzungen des Bundesjustizministeriums wurden jährlich mehr als 1000 nicht einwilligungsfähige Menschen sterilisiert, die meisten davon waren minderjährige Frauen.

Der § 1905 BGB im Betreuungsgesetz, das 1992 in Kraft trat, machte Schluß mit dem Operieren in der rechtlichen Grauzone. Er regelt die Sterilisation geistig behinderter Menschen, die mindestens 18 Jahre alt sein müssen, ganz präzise, nämlich so:

– Die Sterilisaton ist nur erlaubt, wenn Frau (oder Mann) einwilligt, daß der Eingriff vorgenommen wird. Jede Art von Gegenwehr, ein Kopfschütteln bei geistig behinderten Menschen, die nicht sprechen können, schließt eine Sterilisation also aus. Zwangssterilisationen sollen auf diese Weise vermieden werden.
– Ist der Betreffende nicht einwilligungsfähig, darf der Betreuer einwilligen, aber nur wenn

1. die Sterilisation dem Willen des Betreuten nicht widerspricht,
2. der Betreute auf Dauer einwilligungsunfähig bleiben wird,
3. anzunehmen ist, daß es ohne Sterilisation zu einer Schwangerschaft kommen würde (es soll nicht »vorsorglich« sterilisiert werden. Die Frau muß also wirklich zu Geschlechtsverkehr in der Lage sein und Gelegenheit dazu haben, so daß ohne Sterilisation eine Schwangerschaft zu erwarten wäre).
4. infolge dieser Schwangerschaft eine Gefahr für das Leben oder die Gefahr einer schwerwiegenden Beeinträchtigung des körperlichen oder seelischen Gesundheitszustandes der Schwangeren zu erwarten wäre, die nicht auf zumutbare Weise abgewehrt werden könnte (falls eine Frau z. B. schwer herzkrank ist oder zu erwarten ist, daß sie Depressionen bekäme, weil sie ein Kind auch mit Hilfe anderer nicht versorgen könnte und es deshalb von ihr getrennt werden müßte),
5. die Schwangerschaft nicht durch andere zumutbare Mittel verhindert werden kann (das heißt, nur wenn erwiesen ist, daß die Frau hormonelle Verhütungsmittel wie die Pille oder Dreimonatsspritze oder mechanische wie die Spirale nicht verträgt, darf eine Sterilisation erwogen werden).

Liegt nur eine der oben genannten Voraussetzungen nicht vor, kann das Gericht die Genehmigung nicht erteilen. Und: In die Sterilisation einwilligen darf nicht der »normale« Betreuer eines nicht einwilligungsfähigen Menschen. Es wird dafür durch das Vormundschaftsgericht ein besonderer Betreuer bestellt. Die betroffene Frau wird in den Entscheidungsprozeß einbezogen, zwei Sachverständigen-Gutachten müssen vorliegen, bevor das Gericht eine Sterilisation genehmigt. Erst zwei Wochen danach darf der Eingriff wirklich erfolgen. Die Frist ist gesetzt, damit Zeit für einen Einspruch bleibt.

Der Paragraph 1905 BGB, von dem hier die Rede ist, gilt auch für die Sterilisation bei Männern. Hier geht es dann um die Notlage seiner Partnerin, die er schwängern könnte.

Was tun? fragen sich viele besorgte Eltern. Angst vor Schwangerschaft ist kein Sterilisationsgrund mehr. Aber vielleicht ist die Angst ohnehin unangemessen groß. Nach einer immer wieder auftauchenden Schätzung[1] sind höchstens zehn Prozent der geistig behinderten Erwachsenen zum vollen Geschlechtsakt in der Lage. Die meisten mögen Schmusen, Petting, Kuscheln, Streicheln. Zum gelungenen Geschlechtsakt gehört sehr viel Koordination. Penetration wollen viele gar nicht – und schaffen sie auch nicht.

Von Down-Syndrom-Männern hieß es bisher, sie seien unfruchtbar. 1989 wurde aber über einen 29 Jahre alten Mann mit Down-Syndrom berichtet, der mit einer Frau, die einen normalen Chromosomensatz hatte, ein gesundes Kind gezeugt hat. Man kann also nicht mehr sagen, Down-Syndrom-Männer seien unfruchtbar. Es stimmt aber nach wie vor, daß sie in ihrer Fruchtbarkeit stark eingeschränkt sind.

Was können angesichts dieser Rechtslage Eltern tun, die davon überzeugt sind, ihre Tochter oder ihr Sohn müßte zum eigenen Wohl sterilisiert werden? Die einzige Möglichkeit: Wenn ihr Kind in den Eingriff einwilligt, ist die Sterilisation juristisch kein Problem. Voraussetzung dafür ist, daß die behinderte junge Frau, der behinderte junge Mann auch wirklich weiß, worauf er sich einläßt und warum. Dazu ist Aufklärung nötig, immer wieder Aufklärung.

Die Sterilisation ist nicht nur ein Eingriff in die körperlichen Vorgänge eines Menschen, sondern sie berührt auch

1 Siehe Joachim Walter, *Sexualität und geistige Behinderung*, 4. Auflage, Edition Schindele, Heidelberg, Seite 21

heikle politische und bio-ethische Fragen. Während des Nazi-Regimes zwischen 1933 und 1945 wurden 500000 Menschen für erbkrank erklärt, 350000 wurden sterilisiert.

Wer erbkrank war, das bestimmte das Gesetz zur Verhütung erbkranken Nachwuchses, das am 14. Juli 1933 in Kraft trat.

Als erbkrank galt, wer an einer der folgenden Krankheiten litt:

1. angeborener Schwachsinn
2. Schizophrenie
3. manisch-depressives Irresein
4. erbliche Fallsucht (Epilepsie)
5. erblicher Veitstanz (Huntingtonsche Chorea)
6. erbliche Blindheit
7. erbliche Taubheit
8. schwere erbliche körperliche Mißbildung.

Außerdem sah das Gesetz die Sterilisation von Alkoholikern vor.

In einem Kommentar zu diesem Gesetz[2] heißt es: »Nicht die wirtschaftlichen Gesichtspunkte stehen im Vordergrund, sondern der entschlossene Wille unserer Regierung, den Volkskörper zu reinigen und die krankhaften Erbanlagen allmählich auszumerzen. Es ist aber noch etwas anderes, was als Grundgehalt des Gesetzes Bedeutung erlangt, das ist das Primat und die Autorität des Staates, die er sich auf dem Gebiet des Lebens, der Ehe und der Familie endgültig gesichert hat.«

Die Nationalsozialisten trieben damit auf die Spitze, was um die Jahrhundertwende begonnen hatte. Behinderte

---

2 *Kommentar zum Erbgesundheitsgesetz* von A. Gutt, E. Rüdin und F. Ruttke (1934), zitiert nach: Th. Neuer-Miebach, H. Krebs (Hrsg.), »Schwangerschaftsverhütung bei Menschen mit geistiger Behinderung – notwendig, möglich, erlaubt?«, Marburg/Lahn 1987, S. 45f.

Menschen paßten nicht mehr in eine Gesellschaft, die sich zu industrialisieren begann, in der es auf Leistung ankam.

Der Arzt, Psychiater und Sozialreformer August Forel schrieb damals:[3] »Ich gestehe hier ganz offen, daß ich in den 90er Jahren an einem psychisch kranken Scheusal, das in meiner Anstalt sich befand und wegen Schmerzen im Samenstrang die Kastration selbst verlangte, diese Operation vornehmen ließ, obwohl die Sache für mich mehr eine Vorbeugungsregel gegen Kindererzeugung durch den Kranken als einen Eingriff, seines persönlichen Leidens wegen, bedeutete.

Ich ließ auch ein hysterisches 14jähriges Mädchen kastrieren, deren Mutter und Großmutter Kupplerinnen und Dirnen waren und die sich bereits aus Vergnügen jedem Knaben auf der Straße hingab, weil ich dadurch der Entstehung unglücklicher Nachkommen vorbeugen wollte. Damals war es Mode, Hysterische therapeutisch zu kastrieren, und ich nahm diese Mode als Vorwand für mein Vorgehen, das in Wirklichkeit nur einen sozialen Zweck hatte.«

Die schlimme »Mode« nahm überhand und beunruhigte Ärzte und Juristen. 1914 gab es deshalb den ersten Entwurf eines Sterilisierungsgesetzes. Ärzte, die allzu leichtfertig Sterilisationen vornahmen, sollten bestraft werden. Das Gesetz trat nicht in Kraft. Der Erste Weltkrieg kam dazwischen.

1918 gab es einen zweiten Entwurf. Vielleicht lag es an der kriegsbedingten Angst vor mangelndem Nachwuchs, daß auch in diesem Entwurf noch einmal eindeutig festgelegt wurde, Sterilisationen aus erbgesundheitlichen oder sozialen Gründen verstießen gegen die sittliche und rechtliche Auffassung. Auch aus diesem Entwurf wurde kein Gesetz – wegen der Novemberrevolution. Der Kaiser und seine Minister mußten gehen.

1923 folgte ein Entwurf des Preußischen Gesundheits-

3 A. Forel, *Der Weg zur Kultur*, Leipzig 1924, S. 126

amtes, in dem Sterilisationen aus erbgesundheitlichen Gründen erlaubt werden sollten, vorausgesetzt, der Betroffene war damit einverstanden. Auch aus diesem Entwurf wurde kein Gesetz. Die Politiker hatten wohl dringendere Probleme.

1931 gab es einen Antrag des Preußischen Staatsrats, der zu bedenken gibt, daß »die Aufwendungen für Menschen mit erbbedingten körperlichen oder geistigen Schäden schon jetzt eine für unsere gedrückte Wirtschaftslage untragbare Höhe erreicht haben«. Es ging nicht mehr nur um die Volksgesundheit, es ging ums Geld. Zwei Jahre später folgten die Nazis mit ihrer Gesetzgebung. Ihr »Erbgesundheitsgesetz« blieb auch nach 1945 in Kraft. Denn es galt nicht als »typisches nationalsozialistisches Unrecht«, weil es auf frühere und nicht nur in Deutschland verbreitete Vorstellungen zurückgeführt werden konnte. Erst 1968 wurde es ungültig.

1972 wagte sich die sozial-liberale Koalition unter Kanzler Willy Brandt an einen neuen Gesetzentwurf. Die Sterilisierung einwilligungsunfähiger Menschen sollte verboten werden. Überhaupt sollten behinderte Menschen nicht vor dem 25. Lebensjahr sterilisiert werden dürfen. Dieser Entwurf stieß auf starke Bedenken bei den großen Verbänden wie dem Diakonischen Werk, der Caritas und der Lebenshilfe.

Aus der Zusammenarbeit zwischen den Verbänden und dem Justizministerium entwickelte sich schließlich die Form des Sterilisationsrechts, wie es jetzt seit 1992 im Betreuungsgesetz festgeschrieben ist. Die Diskussionen um die Sterilisation sind damit nicht vom Tisch. Denn immer noch geht es um die Grundfrage, gibt es »wertvolles« und »weniger wertvolles« Leben? Dürfen sich nur Menschen mit gesunden Erbanlagen fortpflanzen? Was ist dann aber mit den geistig Behinderten, die infolge eines ärztlichen Fehlers bei der Geburt, durch Krankheit oder durch einen

Unfall geschädigt wurden? Ihre Erbanlagen sind gesund, trotzdem können sie ein eigenes Kind nicht pflegen, erziehen, ernähren. Sollen sie dennoch Kinder haben dürfen? Schwieriger wird die Diskussion noch, wenn man an die rasche Entwicklung der Gentechnologie denkt. Erbkrankheiten lassen sich heute schon beim Ungeborenen in den ersten Schwangerschaftswochen feststellen – durch eine Chorionzottenbiopsie (Untersuchung des Mutterkuchen-Gewebes) oder durch eine Amniozentese (Fruchtwasser-Untersuchung). Forscher kennen heute rund 3600 Krankheiten, die durch Gendefekte hervorgerufen werden. Bei 450 dieser Erkrankungen konnten sie das kranke Gen identifizieren. Die Bluterkrankheit gehört dazu, das Down-Syndrom, Muskelschwund und Mukoviszidose.

Können werdende Eltern überhaupt noch »ja« zu einem Kind sagen, wenn sie wissen, daß es höchstwahrscheinlich krank oder behindert zur Welt kommen wird? Es gibt ein EU-Forschungsprogramm, das die Chancen genetischer Tests, des frühzeitigen Eingreifens, also einer Abtreibung, und damit die Kostenersparnis im überteuerten Gesundheitswesen hervorhebt ...

Die Frage nach der Rechtmäßigkeit von Sterilisationen ist deswegen so heikel, weil in jedem Einzelfall entschieden wird: Wollen wir (Eltern, Vormund, Betreuer, letztlich auch der Staat) ein Kind von diesem Menschen? Produziert er ein »wertvolles« oder ein »weniger wertvolles« Leben? Und: Wird das Kind, das entstehen könnte, ein Leben in Selbstachtung und Harmonie führen können?

Seit einiger Zeit wird die sogenannte Bio-Ethik-Konvention des Europarats diskutiert. Wissenschaftliche Forschung soll – zum Schutz der öffentlichen Gesundheit – gestattet sein an lebenden Menschen, die in die Versuche nicht einwilligen können und die von diesen Versuchen keinen Nutzen haben. Da taucht natürlich die Schreckensvision auf von behinderten Menschen als Versuchskaninchen oder als »Ersatzteillager« für Organe, die sie gegebenfalls ungefragt zu spenden haben.

Noch (Stand: Juli 97) hat die Bundesrepublik die Konvention nicht unterschrieben ...

10. Eine sterilisierte Frau erzählt.
»... aber wünschen kann ich es mir doch trotzdem!«

Ann-Kathrin, 26, ist eine hübsche junge Frau mit braunem Pagenkopf. Sie sitzt festgeschnallt im Rollstuhl. Die Bewegungen ihres Kopfes und ihrer Arme kann sie nur schlecht kontrollieren. Sie spricht langsam und ein wenig undeutlich. Sie hat sich bereit erklärt, mit mir über ihre Sterilisation zu sprechen, weil sie hofft, daß sie mit ihrer Geschichte anderen helfen kann.

Von der Psychotherapeutin der Wohngruppe, in der Ann-Kathrin mit sieben anderen, zum Teil schwer mehrfach Behinderten lebt, weiß ich, daß Ann-Kathrin voller Ehrgeiz an sich selbst arbeitet. Sie stammt aus schwierigen Familienverhältnissen, ist das jüngste von sieben Kindern, lebt in Heimen und Wohngruppen, seitdem sie 14 ist. Ihre Eltern und drei ihrer Geschwister sind tot. Besuch ihrer anderen Verwandten bekommt sie höchst selten. In ihrem hübsch eingerichteten Zimmer, die Möbel hat sie sich von einer kleinen Erbschaft selbst kaufen können, sind Fotos ihrer Familie, vor allem Babyfotos der Kinder ihrer Geschwister.

Ann-Kathrin kennt ihre Probleme. Sie kann über vieles sprechen, was sie belastet. Sie wirkt humorvoll und aufgeschlossen. In der Fördergruppe gilt sie als besonders fleißig. Sie fängt dort als erste mit der Arbeit an, hört als letzte auf. Mit Hilfe einer Spezialvorrichtung macht sie aus Fäden Schlingen, aus Schlingen Bälle, die in der Industrie verwendet werden. Ihr Ziel ist es, ein Praktikum in der Werkstatt für Behinderte zu bekommen und dann dort zu arbeiten. Auch dafür muß sie fit sein, fitter und belastbarer als die Menschen in der Fördergruppe.

Hier ist die Zusammenfassung unseres Gesprächs.

Wie alt waren Sie, als Sie sterilisiert wurden?

Zwölf. Da hat meine Mutter entschieden, daß ich diese Operation haben soll.

Warum hat Ihre Mutter so entschieden?

Ich hatte meine Regel bekommen, und meine Mutter meinte, man muß die Gebärmutter herausoperieren, damit ich keine Blutungen mehr bekomme. Das wäre besser für mich.

Waren Ihre Blutungen denn so schlimm für Sie?

Nein, eigentlich nicht. Ich wußte ja von meinen älteren Schwestern, daß es so was gibt, daß ich nun eine Frau werden würde.

Sind Sie vor der Operation von einem Frauenarzt untersucht worden?

Nein, meine Mutter hat den Arzt selbst gesucht und gefunden. Ich wußte davon nichts. Ich bin einfach ins Krankenhaus gebracht worden, eingeschlafen, später wieder aufgewacht und habe dann gemerkt, daß ich ein Riesenpflaster auf dem Bauch hatte.

Wußten Sie, daß Sie durch die Operation unfruchtbar gemacht worden sind?

Die Zusammenhänge habe ich erst viel später verstanden.

Haben Sie mit Ihrer Mutter später darüber sprechen können, warum sie diese Operation veranlaßt hat?

Nein, damals nicht, und jetzt ist sie ja tot.

Haben Sie mit Ihrem Vater darüber gesprochen?

Nein.

Wie ging es Ihnen nach der Operation?

Nicht so gut. Ich war, glaube ich, über zwei Wochen im Krankenhaus, ich habe die Schule versäumt und konnte nicht mehr im Stehbrett stehen.

Was ist ein Stehbrett?

Man wird mit dem Bauch leicht schräg dagegengelehnt. Dadurch kann man auf seinen eigenen Beinen stehen, damit die nicht immer schwächer werden und die Sehnen sich nicht noch mehr verkürzen. Das konnte ich nach der Operation nicht mehr. Ich kann das seitdem überhaupt nicht mehr, auch nicht nach der Hüftoperation.

Wann war denn die Hüftoperation?

Ich glaube, zwei Jahre später.

Hat die Hüftoperation was gebracht?

Nein, ich hatte mir auch nichts davon versprochen, aber die Orthopädin war enttäuscht.

Haben Sie sich gegen diese Operation gewehrt?

Nein, ich habe gemacht, was meine Mutter wollte.

Wie finden Sie es heute, daß Ihre Mutter Sie so früh sterilisieren ließ?

Es war nicht richtig. Sie hätte warten müssen, bis ich mich selbst entscheiden konnte. Das hat auch der Arzt gesagt, bei dem ich jetzt in Behandlung bin. Meine Mutter hat mich nicht zur Frau werden lassen. Das finde ich schlimm.

Wollen wir »du« zueinander sagen?

Gerne.

Wie hättest du dich denn mit etwa 18 Jahren entschieden?

Das kann ich dir heute gar nicht sagen. Ich bin manchmal unglücklich darüber, daß ich keine Frau bin, die Kinder bekommen könnte, wenn sie wollte. Andrerseits ist die Sterilisation aber auch gut für mich.

Warum?

Na, wegen der Sauberkeit. Ich habe hier zwei Freundinnen in der Wohngruppe, eine ist sterilisiert, eine nicht. Beide bekommen ihre Regel und beide klagen darüber, daß sie manchmal auch mit zwei Binden durchbluten. Das ist für sie unangenehm, wenn sie nicht rechtzeitig gewaschen und frisch angezogen werden.

Würdest du gern Kinder haben?

Sehr gerne. Manchmal denke ich an Adoption. Ich würde dem Kind eine sehr gute Mutter sein. Ich würde es sehr lieben.

Aber du weißt doch, daß es mit einem Kind sehr schwer für dich sein würde.

Ja, das weiß ich, aber wünschen kann ich es mir doch trotzdem.

Hast du einen Freund?

Ja, den Lutz, das ist ein Zivi, der war mal hier, jetzt ist er in einer anderen Stadt. Manchmal schreibt er mir. Den mag ich.

Hier im Haus hast du keinen Freund?

Nein.

Wie geht es dir denn jetzt gesundheitlich?

Nicht so gut. Ich habe immer Schwierigkeiten mit der Blase und allgemein mit dem Unterleib. Der Arzt hat aber gesagt, das kann bei mir auch psychisch sein.

Weißt du, warum du behindert bist?

Meine Mutter hat gesagt, ich hätte gleich nach der Geburt einen Blutaustausch gebraucht, aber den habe ich nicht bekommen.

Wann hast du gemerkt, daß du behindert bist?

Ich sitze ja immer im Rollstuhl. Daran habe ich schon als kleines Kind gemerkt, daß ich nicht bin wie die anderen.

Gibt es irgend etwas, auf das du dich jetzt freust?

Im Sommer fahre ich mit der Wohngruppe ins Allgäu. Darauf freue ich mich sehr.

Hast du Hobbys?

Ich höre gern Pop-Musik. Und ich gehe gern in die Disco mit der Wohngruppe. Tanzen kann man auch im Rollstuhl.

11. Muß ein geistig behinderter Mensch Kinder haben dürfen?

In unserem Grundgesetz, Artikel 1, steht ausdrücklich, daß jeder Mensch das Recht auf Menschenwürde, Gleichheit, freie Entfaltung der Persönlichkeit und auf Schutz von Ehe und Familie hat. Zur freien Entfaltung der Persönlichkeit gehören auch Partnerschaft und Sexualität. Und Artikel 2, Absatz 2 des Grundgesetzes heißt: »Jeder hat das Recht auf Leben und körperliche Unversehrtheit.«

Eigentlich sollte die eingangs gestellte Frage damit beantwortet sein.

Was aber ist nun mit Menschen, die ihre Persönlichkeit nicht frei entfalten können, weil sie geistig behindert sind? Sie würden gern ein Auto fahren, aber sie können den Führerschein nicht machen. Sie würden den Anforderungen des Straßenverkehrs gar nicht gewachsen sein. Sie würden gern Reitlehrer, Reitlehrerin, Koch, Köchin, Friseur, Friseurin werden, aber das schaffen sie nicht. Die Berufsanforderungen sind viel zu hoch für sie.

Aber Kinder sollen sie haben dürfen? Obwohl sie für ihren Nachwuchs meist nicht sorgen können – weder emotionell noch intellektuell, noch finanziell? Für Eltern, die eine geistig behinderte Tochter, einen geistig behinderten Sohn großgezogen haben, ist es eine schlimme Vorstellung, nun auch noch im Alter ein – vielleicht – behindertes Enkelkind umsorgen zu müssen.

Trotzdem: Niemand darf geistig behinderten Menschen das Recht auf Elternschaft absprechen. Nicht von vornherein und nicht pauschal. Es gibt eine Reihe von Beispielen, die zeigen, daß Elternpaare, bei denen Mutter und/oder Vater geistig behindert ist, durchaus kompetent ihre Kinder versorgen und erziehen. Voraussetzung dafür ist eine funktionierende Anleitung und Betreuung durch Sozialpädagogen. Verschiedene Modellversuche dieser Art gibt es.

Ein Forschungsprojekt[1], initiiert von der Lebenshilfe und finanziert vom Bundesministerium für Familie, Senioren etc. und vom Bundesministerium für Gesundheit, brachte 1995 eine Bestandsaufnahme der Lebenssituation von geistig behinderten Eltern und ihren Kindern. Erstaunlich war bereits die Anzahl. In der Bundesrepublik gibt es rund 1000 Elternschaften geistig behinderter Menschen mit 1360 Kindern. Ein Fünftel davon ist bereits erwachsen, knapp ein Drittel war zum Zeitpunkt der Studie noch unter vier Jahren.

25 Prozent der Kinder wachsen bei ihren Eltern auf, 14 Prozent bei nur einem Elternteil. Adoptiert oder in Pflegefamilien aufgenommen wurden etwa 20 Prozent. In der Herkunftsfamilie (also bei Oma und Opa) leben acht Prozent, in Heimen neun Prozent.

Die meisten der Schwangerschaften waren nicht geplant. Die Probleme der jungen Familien, so berichten die Autorinnen, waren anfangs normal, wurden aber – wie zu erwarten – bei Schulbeginn der Kinder größer.

In der »Lebenshilfe-Zeitung« stand im Dezember 1987 ein Interview mit Frau G., 27 Jahre alt, Tochter einer geistig behinderten Mutter. Ich möchte Auszüge daraus hier wiedergeben.

1 Autorinnen der Untersuchung: Ursula Pixa-Kettner, Stefanie Bargfrede, Ingrid Blanken

Über die eigene Kindheit:

»Ich bin bei meinen Großeltern aufgewachsen. Am Anfang war meine Mutter auch mit in diesem Haus. Als ich sechs war, kam sie in ein Frauenheim, das war weiter weg. Sie kam nur noch ganz selten nach Hause, vielleicht zu Weihnachten oder zu meinem Geburtstag. Da hat sie mich dann spüren lassen, daß sie von mir eigentlich überhaupt nichts mehr wissen wollte. Sie hatte im Heim wohl auch Kinder zu betreuen, und sie sagte zu mir, ich habe ein anderes Baby, das habe ich lieber, du bist ja gar nicht mein Kind.

Bis ich 15 Jahre alt war, habe ich bei meinen Großeltern gewohnt. Damals ist meine Oma gestorben, und dann sind wir umgezogen zu meiner Tante in eine andere Stadt. Ich hatte Lernschwierigkeiten. Der Druck war einfach so schlimm bei den anderen Kindern. Wenn man dann in der Klasse noch ein wenig zurückbleibt, dann wollen die meisten Kinder erst recht nichts mehr von einem wissen. Ich hatte es sehr schwer, Kontakt zu kriegen. Ich war dann auch noch ein bißchen ängstlich, dann haben die mich zum Beispiel einfach nicht mitgenommen zum Spielen. Und so habe ich nie Freunde gehabt. Das gab es einfach nicht, daß eine Schulfreundin nachmittags kam oder ich hingehen konnte.

Daß ich keine Mutterliebe bekommen habe, hat sich auf meine ganze Kindheit ausgewirkt. In vielen Situationen habe ich mir gewünscht, eine Mutter zu haben, auch einen Vater. Andere Kinder haben immer erzählt, daß sie mit ihrem Vater oder ihrer Mutter irgendwohin gefahren sind, daß sie was unternommen haben oder so, und das habe ich dann eben vermißt. Überhaupt, mit einer Mutter zu sprechen, das hat mir sehr gefehlt.«

Über die Mutter:

»Sie ist sexuell ausgenutzt worden. Man hat mir als Kind schon erzählt, man habe sie betrunken gemacht und dann die Gelegenheit genutzt, um sie zu mißbrauchen. Ich kann mir auch nicht vorstellen, daß ihr überhaupt bewußt gewesen ist, was da eigentlich mit ihr passiert, ich kenne auch meinen Vater nicht. Meine Mutter kann ja nichts dafür, daß sie geistig behindert ist. Ich hab' sie trotzdem lieb, obwohl ich überhaupt keinen Kontakt zu ihr habe.

Ich bin einmal in die Behindertenwerkstatt hineingegangen und habe meine Mutter besucht. Wir haben uns begrüßt, sie hat mich in den Arm genommen, und das fand ich auch sehr lieb. Aber als wir dann zusammensitzen sollten, da hat sie ihren behinderten Freund mir vorgezogen. Sie hat gesagt, nein, ich möchte doch lieber bei ihm bleiben, setz du dich doch alleine. Da hat sie mir schon wieder gezeigt, daß sie nichts von mir wissen will. Ich habe in dem Moment nur Mitleid mit ihr gespürt, und das hilft mir genausowenig wie ihr. Ich hab' sie zwar lieb, aber ich kann meine Liebe nicht ausdrücken.

Immer wieder hab' ich's versucht. Ich hab' sie in den Arm genommen, hab' sie gedrückt, aber jedesmal hat sie mich wieder zurückgestoßen, und das hat mich unwahrscheinlich hart getroffen. Ich wollte so gern meinen Kindern ihre Oma vorstellen, aber ich wollte ihnen auch gern den Anblick ersparen. Sie begreift ja nicht, daß es ihre Enkelkinder sind. Als ich meinen Mann kennenlernte, da hat der natürlich gefragt, wo sind deine Eltern, und in dem Moment war ich so stark, daß ich ihm das sagen konnte. Allerdings gibt es immer wieder einen kleinen Knacks, und dann tut es doch weh.«

Über Empfängnisverhütung:

»Verhindern und verhüten sollte man auf jeden Fall. Wenn man es damals bei meiner Mutter hätte verhindern können, vielleicht wäre es dann auch gut gewesen. Obwohl, ich komm' jetzt gut zurecht, trotz meiner Schwierigkeiten, die ich damals gehabt habe.«

Über Sterilisation:

»Nein, auf keinen Fall. So ein geistig behindertes Mädchen hat ja auch irgendwie Gefühle, und sie würde wissen, was sterilisieren bedeutet. Dann sollten die Eltern zum Beispiel ihr jeden Morgen die Pille geben, in dem Moment kann ja auch nichts mehr passieren. Das wäre sicher besser, als wenn man hingeht und sagt, so, jetzt wirst du sterilisiert. Man weiß ja nicht, ob der geistig Behinderte damit einverstanden ist. Für mich ist das so ein Eingriff, da kommt man sich einfach nicht mehr wie eine Frau vor oder wie ein Mädchen. Auch mit der Abtreibung, man sollte doch kein Leben vernichten, wenn schon eins da ist.

Wenn es passiert, wenn eine geistig behinderte Frau schwanger wird, dann sollten die Eltern soviel Mut haben und sagen, wir übernehmen das Kind, wir nehmen es in Pflege. Man muß ja nicht davon ausgehen, daß das Kind auch behindert ist. Und wenn es schon unterwegs ist, sollte man dem Kind eine Chance geben, in dieser Welt klarzukommen, und das kann durchaus sein.

Nach meiner eigenen Erfahrung sollte man vorher darauf achten, daß geistig Behinderte keine Kinder bekommen. Wenn geistig behinderte Frauen Kinder bekommen, dann können sie doch niemals so eine Mutterliebe entwickeln wie ein normaler Mensch. Selbst wenn die Liebe auf die Kinder ausstrahlen würde, kämen sich die Kinder immer irgendwie ausgestoßen vor. In unserer Welt ist es ja schließlich so, wer eine geistig behinderte Mutter hat, der wird einfach ausgestoßen, der wird nicht akzeptiert.«

Über die eigenen Kinder:

»Ich hatte furchtbare Angst davor, daß meine Kinder auch geistig behindert sein könnten. Die erste Zeit während der Schwangerschaft nicht, weil ich ja Untersuchungen hab' machen lassen, und man sagte mir immer, Sie sind gesund, es fehlt nichts. Aber dann hab' ich mich gefragt, kann man eine geistige Behinderung durch diese Untersuchungen überhaupt feststellen?

Ich werde meine Kinder so erziehen, wenn es geht, daß sie nicht so denken, daß sie sich nicht über geistig Behinderte oder Körperbehinderte lustig machen und sie zur Seite schieben.«

Die Geschichte dieser jungen Frau liegt zehn Jahre zurück. Seitdem hat sich die Situation der Kinder geistig behinderter Eltern deutlich verbessert. Immer häufiger sieht man zum Beispiel in TV-Talkshows und Reports eine »ganz normale behinderte« Familie. Noch wird sie ausgestellt wie eine Rarität. Vielleicht ist die Idee der Elternschaft geistig behinderter Menschen nur gewöhnungsbedürftig für Menschen ohne Behinderung?

12. Unter welchen Voraussetzungen können geistig behinderte Menschen heiraten?

In § 2 des Ehegesetzes im Bürgerlichen Gesetzbuch steht: »Wer geschäftsunfähig ist, kann eine Ehe nicht eingehen.« Fragt sich, was »geschäftsunfähig« ist. Die Antwort gibt § 104. Da heißt es:
»Geschäftsunfähig ist
1) wer nicht das siebente Lebensjahr vollendet hat;
2) wer sich in einem die freie Willensbestimmung ausschließenden Zustande krankhafter Störung der Geistestätigkeit befindet, sofern nicht der Zustand seiner Natur nach ein vorübergehender ist;
3) wer wegen Geisteskrankheit entmündigt ist.«

Das ist schwieriges Paragraphendeutsch. Aber weil wir schon mitten in den Paragraphen sind, schauen wir uns noch einen weiteren an, den umstrittenen § 105 BGB. Er lautet:
»Die Willenserklärung eines Geschäftsunfähigen ist nichtig.«
Zu gut deutsch: Ein geistig behinderter Mensch, der geschäftsunfähig ist, weil er sich in dem, in § 104 Nr. 2 genannten Zustand befindet, das heißt etwa auf dem geistigen Niveau eines noch nicht sieben Jahre alten Kindes ist, der darf nicht heiraten – egal, ob sein Partner ebenfalls geistig behindert ist oder nichtbehindert.
Sollte es einem Geschäftsunfähigen vielleicht gelingen, sich von einem verschlafenen Standesbeamten trauen zu lassen, so gilt die Ehe als nichtig – siehe § 105. Ausdrücklich steht das noch einmal in § 18, Absatz 1 des Ehegesetzes:
»Eine Ehe ist nichtig, wenn einer der Ehegatten zur Zeit der Eheschließung geschäftsunfähig war oder sich im Zu-

stand der Bewußtlosigkeit oder vorübergehenden Störung der Geistestätigkeit befand.« So weit, so klar.

Jetzt wird es komplizierter. § 3 Ehegesetz, Absatz 1, lautet:

»Wer minderjährig ist oder aus anderen Gründen in der Geschäftsfähigkeit beschränkt ist, bedarf zur Eingehung der Ehe der Einwilligung seines gesetzlichen Vertreters.«

Als minderjährig und damit beschränkt geschäftsfähig gelten vor dem Gesetz Personen zwischen dem vollendeten 7. und dem vollendeten 18. Lebensjahr.

Für Eltern geistig behinderter Töchter oder Söhne kommt es also darauf an, ob ihr Kind geisteskrank (Intelligenzniveau unter dem eines Siebenjährigen) und damit geschäftsunfähig ist oder ob es geistesschwach (Intelligenzniveau über dem eines Siebenjährigen) und damit beschränkt geschäftsfähig ist.

Geschäftsunfähige dürfen nicht heiraten, beschränkt Geschäftsfähige mit der Einwilligung ihres Betreuers, das heißt Vormunds oder Pflegers.

Nun werden viele Eltern nicht wissen, ob ihr Kind als geisteskrank oder als geistesschwach gilt. Viele geistig behinderte Menschen haben ja erstaunliche Teilbegabungen. Auf manchen Gebieten sind sie weiter als normale Siebenjährige, sind praktischer, umsichtiger, verläßlicher. Auf anderen Gebieten können sie weniger als ein Siebenjähriger. Auch aus dem Bescheid der Versorgungsämter, den die Eltern nach einer amtsärztlichen Untersuchung bekommen, falls sie einen Schwerbehindertenausweis für ihr Kind beantragt haben, geht nicht hervor, ob es sich bei der Behinderung um Geisteskrankheit oder Geistesschwäche handelt.

Um den Sachverhalt zu klären, sollten Eltern kurz vor dem 18. Geburtstag ihres Kindes – es geht aber auch später – beim Amtsgericht eine Pflegschaft beantragen. Sobald der geistig Behinderte nämlich volljährig ist, verlieren die Eltern das Sorgerecht. Sie können nicht mehr bestimmen, wo ihr Kind wohnen soll (Aufenthaltsbestimmungsrecht), sie können es in Geldangelegenheiten nicht mehr vertreten, sie dürfen nicht mehr in Heilbehandlungen (zum Beispiel Operationen) einwilligen. Der geistig Behinderte kann das alles meist auch nicht, weil ihm der Überblick fehlt.

In einem ärztlichen Gutachten wird festgestellt, ob der Betroffene geisteskrank oder geistesschwach ist, wie es also um seine Geschäftsfähigkeit steht.

Menschen, die ihre Rechtsgeschäfte nicht selbst erledigen können, bekommen einen Betreuer zur Seite gestellt – entweder auf Antrag des Betroffenen oder von Amts wegen. Dritte – also Eltern oder Jugendämter – können eine Betreuung nicht beantragen, sie aber anregen. Das Gesetz ist seit 1992 in Kraft.

Und das sind die Bestimmungen für die Betreuung:

– Bei der Auswahl der Betreuungsperson soll dem Wunsch des Betreuten entsprochen werden. Wünscht er sich keinen bestimmten Betreuer oder ist die von ihm genannte Person nicht geeignet, werden verwandtschaftliche und persönliche Beziehungen berücksichtigt. Die Eltern können – zusammen oder einzeln – die Betreuung ihres volljährigen Kindes übernehmen.

– Betreut wird nur, wenn und soweit es erforderlich ist. Jeder zu Betreuende wird daraufhin untersucht, was er kann und was nicht, wo er Hilfe braucht und wo nicht.

– Die angeordnete Betreuung schränkt die Geschäftsfähigkeit des Betreuten nicht ein. Das Vormundschaftsgericht kann allerdings beschließen, daß der Betreute in bestimmten Bereichen die Einwilligung des Betreuers braucht.

– Durch die Betreuung verliert der Betreute nicht automatisch seine Ehefähigkeit. Maßgeblich ist die »natürliche« Geschäftsunfähigkeit im Einzelfall (§ 104, Abs. 2, BGB).

– Schwerwiegende Eingriffe, wie riskante ärztliche Heilbehandlungen (Sterilisation) oder die Unterbringung in einem Heim, müssen vom Vormundschaftsgericht genehmigt werden.

– Über die Betreuung wird nach spätestens fünf Jahren neu entschieden.

– Bevor ein Gericht eine Betreuung anordnet, muß es ein Sachverständigen-Gutachten einholen und den Betroffenen persönlich anhören.

13. Homosexualität. Mehr als ein Tabu: nicht zur Kenntnis genommen

Der Anruf aus der WfB stürzte die Mutter in tiefe Ratlosigkeit. »Haben Sie bemerkt, daß Ihr Sohn Würgemale am Hals hat?« Die Mutter hatte es nicht bemerkt. Stefan, ihr 17jähriger Sohn, war am Morgen mit hochgeschlagenem Mantelkragen zur Arbeit gegangen. Erst in der Werkstatt waren der Betreuerin die roten Flecke am Hals des jungen Mannes aufgefallen. Da hatte Stefan ihr stockend erzählt, in der Männertoilette sei er tags zuvor von einem Mann gewürgt worden.

Abends nahm die Mutter Stefan ins Verhör. Was sie erfuhr, war die Bestätigung dessen, was sie bereits lange ahnte. Stefan hielt sich immer mal wieder gern in Herrentoiletten auf, offensichtlich fühlte er sich zu Männern hingezogen. Daß er über seinem Bett nicht etwa Fotos sparsam bekleideter Mädchen aufgehängt hatte, sondern Bilder, die nackte Männer beim Duschen zeigten, war ihr schon komisch vorgekommen. Und sie hatte immer wieder beobachtet, wie Stefan im Bekanntenkreis, beim Wandern, auf Parties sich auffällig um die Aufmerksamkeit der anwesenden Männer bemühte. Auf die dringlichen Fragen seiner Mutter erzählte Stefan unbefangen, daß er öfter mal zu Toiletten radelt: »Immer wenn ich aufs Klo muß.«

Eine plausible Erklärung. Doch Stefan berichtete auch, daß er in den Toiletten Freunde hatte, die er da regelmäßig träfe. Und mit einem von ihnen habe er Streit gehabt. Aber die anderen hätten ihm geholfen.

War Stefan ganz zufällig in eine häßliche Situation geraten? Oder war der Junge womöglich homosexuell?

Beides ist möglich. In Männertoiletten spielen sich mehr

Dinge ab, als eine Normal-Mutter sich vorstellt. Da kann ein junger Mann schon in schwierige Situationen geraten. Möglich ist aber auch, daß Stefan schwul ist. Es heißt, daß zwischen 7 und 12 Prozent der Menschen homosexuell seien – unabhängig davon, in welchem Land, mit welcher Regierungsform oder Religion sie leben. Warum soll dieser Prozentsatz auf geistig behinderte Menschen nicht zutreffen?

Darüber, ob Homosexualität eine ererbte Veranlagung ist oder eine Reaktion auf Erziehung und Umwelt, z. B. auf eine starke Mutter, einen schwachen Vater, einen »Verführer« in früher Jugend – darüber streiten sich die Fachleute noch. Und so lange kein »Homosexualitäts-Gen« identifiziert wird, kann man wohl davon ausgehen, daß es wohl beides ist: Veranlagung wie soziale Einflüsse.

Für die Eltern geistig behinderter Kinder ist es meist schon ein Schock zu erleben, daß ihr Sohn oder ihre Tochter sexuelles Interesse zeigen. Völlig verblüfft und ratlos sind sie aber, wenn sich dieses Interesse auf Personen des eigenen Geschlechts richtet.

»Ich war darauf vorbereitet, daß Stefan eines Tages mit einer Freundin ankommen würde«, erzählt die Mutter. »Ich hätte ihm von Herzen Liebe und Partnerschaft gegönnt, vorausgesetzt, die Schwangerschafts-Verhütung wäre bei der jungen Frau gesichert gewesen. Aber daß Stefan homosexuell werden würde, daran habe ich im Traum nicht gedacht.«

Was nun? Die Mutter sorgt sich rund um die Uhr. Welche Männer trifft Stefan auf den Toiletten? Ist ihr Sohn in Gefahr, ein Strichjunge zu werden? Und was ist mit Aids?

»Ich bin Witwe. Es gibt keinen Mann in meiner Umgebung, den ich so gut kenne, daß ich ihn bitten könnte, Stefan mal nachzufahren und zu schauen, wohin er radelt und wen er trifft. Wenn ich mit Freundinnen über meine Sorgen rede, hör ich immer: ›Das gibt sich wieder. Das sind die ersten Schritte in die Sexualität. Sobald Stefan eine Freundin findet, legt sich das.‹« Aber das glaube ich nicht. Alle Anzeichen deuten darauf hin, daß Stefan wirklich schwul ist.«

Natürlich macht die Mutter ihrem Sohn Vorhaltungen, spricht von Verletzungsgefahr, Krankheit. Stefan hört zu, nickt, aber wenn er nach Hause kommt und sie ihn fragt, ob er wieder auf dem Männerklo gewesen sei, bejaht er das arglos.

Aufgrund seiner Behinderung ist Stefan nicht in der Lage, die Risiken zu erkennen. Er weiß gar nicht, was mit ihm los ist. Mit dem Wort schwul kann er nichts anfangen. Gut gemeinte Aufklärungsgespräche bringen nichts. »Ich habe ihm erklärt, daß die meisten Männer Frauen lieben und manche Männer eben Männer lieben. Und ich habe ihn gefragt: ›Wen liebst denn du?‹ – Darauf hat er mir strahlend geantwortet: ›Ich liebe meine Mama‹. Ich weiß wirklich nicht, was ich tun soll.«

Ich habe diese Frage an Hans-Hellmut Schulte weitergegeben. Er ist Diplom-Psychologe und arbeitet in der Berliner Schwulenberatung.

Kommen auch behinderte Menschen zu Ihnen?

Ja, körperbehinderte, sinnesbehinderte, also seh- oder hörgeschädigte Männer, sowie geistig behinderte.

Welche Art von geistiger Behinderung haben diese Männer?

In der Regel lasse ich mich auf mein Gegenüber ein, ohne mich von der Diagnose beeinflussen zu lassen. Bei der ersten Begegnung versuchen der Klient und ich zusammen herauszufinden, auf welcher Ebene wir uns verständigen können.

Diese Männer können doch kaum aus eigenem Impuls zu Ih-
nen kommen?

Nicht alle. Einige rufen aber von sich aus an und lassen sich
einen Termin geben. Manchmal werden sie von ihren Betreuern aus den Werkstätten oder Wohnheimen begleitet,
manchmal kommen sie auch allein zu mir, weil ihnen das
geraten wurde.

Von wem?

Von der Leiterin oder dem Leiter des Sozialdienstes in einer
Werkstatt für Behinderte, von Betreuern in den Wohnheimen, von PsychologInnen, die in den Institutionen arbeiten.

Warum schicken diese Leute die Männer in Ihre Beratung?

Weil sie in irgendeiner Form aufgefallen sind. Manchmal
ruft mich ein Betreuer an und sagt: »Herr XY ist ganz verliebt in einen Betreuer. Das sprengt mir die Gruppe. Reden
Sie doch mal mit ihm.«

Ist bei Ihnen auch schon einmal eine ratlose Mutter mit ihrem
Sohn an der Hand aufgetaucht und hat um Hilfe gebeten?

Nein. Bisher nicht.

Woran liegt das Ihrer Einschätzung nach?

Dafür gibt es zwei Gründe, denke ich. Zum einen sind die
jungen Leute zu Hause meist unauffällig. Sie verbergen ihre
Sexualität so gut es geht, weil sie spüren, daß ihre Eltern
das nicht mögen. Zum anderen scheinen die Eltern nicht
wahrhaben zu wollen, was sich so tut. Das führt dazu, daß
Mütter sich bitter beklagen, wenn ihr Sohn zum Beispiel in

ein Wohnheim gezogen ist und da nun plötzlich erotische Fotos, egal ob von Männern oder Frauen, aufhängt. »Das hat er doch früher nicht getan«, empört sich die Mutter und behauptet, die Betreuer hätten ihren Sohn verdorben. Dabei tut er jetzt – in seiner neuen Freiheit – lediglich das, was er schon längst tun wollte.

Wie fänden Sie das denn, wenn eine Mutter oder ein Vater mit dem Sohn in die Schwulenberatung käme?

Ganz o. k. Das Gespräch führe ich, wenn er einverstanden ist, immer mit dem Mann allein – auch wenn er mit einem Betreuer kommt. Dann drücken wir dem Betreuer einen Kaffee und eine Zeitung in die Hand, und er muß warten. Mit Eltern würde ich genauso umgehen.

Helfen Sie diesen Männer bei ihrem »Coming-out«?

Zum Teil. Viele, die zu mir in die Beratung kommen, wissen, daß sie schwul sind. Sie haben Probleme, einen Freund zu finden. Oder sie haben einen Freund und kommen mit dem nicht klar. Trotzdem kann es sein, daß sie sich ihrer schwulen Identität schämen und Unterstützung brauchen.

Wie beginnen Sie ein Gespräch, wenn jemand neu zu Ihnen kommt?

Das ist ganz unterschiedlich. Oft frage ich den Mann, woher er von der Schwulenberatung erfahren hat, warum er sich entschieden hat, hierher zu kommen. Manchmal weiß ich ja schon einiges durch die Betreuer, trotzdem frage ich meist nach, damit ich mir selbst einen ersten Eindruck von dem Ratsuchenden machen kann. Häufig beginnt aber auch der behinderte Mann das Gespräch.

Wie?

Die Einstiegsfrage kann vordergründig pragmatisch sein, z. B. nach der Anwendung eines Kondoms, was wir zu einem späteren Zeitpunkt an einem hölzernen Modell üben, bis der behinderte Mann das kann. Danach kommen dann meist die persönlicheren Fragen.

Was sind das so für Fragen?

Es kann zum Beispiel um Sehnsucht nach einer Partnerschaft gehen, um Angst vor Sex, Abgrenzungsprobleme, Probleme am Arbeitsplatz.

Sind unter den geistig behinderten Männern, die Sie beraten, Strichjungen?

Die gibt es sicher, aber ich habe in meiner Sprechstunde keinen.

Wie schützt man geistig behinderte Schwule davor, ausgebeutet zu werden?

Ich gehe genauso vor wie bei anderen Menschen: Ich arbeite mit ihnen daran herauszufinden, was sie selbst wirklich wollen, wie sie es – eventuell mit Kompromissen und Zugeständnissen – bekommen und wie sie lernen, nein zu sagen, wenn ihnen etwas nicht gefällt. Das Nein-sagen-Können ist besonders wichtig. Nur wer das schafft, kann auch richtig ja sagen zu einer Handlung, zu einer Beziehung.

Wie üben Sie dieses Verhalten?

Rollenspiele sind eine gute Möglichkeit.

Machen Sie die während Ihrer Beratung? Da sind Sie doch nur zu zweit?

Ich mache das in der Beratung, gebe die Anregung dazu aber auch weiter an die Gruppe im Wohnheim oder in der Werkstatt. Der Fall, den Sie schildern – jemand wird in der Toilette gewürgt –, kann Stoff für ein Rollenspiel sein. Weil da in der Diskussion hinterher sicher aus der Gruppe kommt: Das ist gemein. Das darf man nicht tun. Dagegen muß man sich wehren.

Man hört doch immer mal wieder, daß Schwule zusammengeschlagen werden? Sprechen Sie mit Ihren Klienten auch über die Gefahr, die Homosexuellen aus rechten Kreisen droht?

Nein, ich rede nicht mit ihnen darüber, es sei denn, sie bringen das Thema von sich aus zur Sprache. Viele von ihnen sind ohnehin schon unsicher. Sie fühlen sich minderwertig. Geistig behinderte Menschen haben ja häufig ein gutes Gespür für die Ablehnung, die sie täglich erleben. Warnungen würden sie zusätzlich verunsichern. Außerdem habe ich die Erfahrung gemacht, daß Behinderte sich in gefährlichen Situationen intuitiv ganz richtig verhalten. Sie halten den Mund, laufen weg, lassen es nicht auf eine Konfrontation ankommen. Gegebenenfalls würde ich aber Tips geben, in welchen Gegenden z. B. Berlins man besser nicht deutlich sichtbar mit einem Mann schmust, weil da die Gewaltbereitschaft gegen Schwule größer ist.

Wo sehen Sie die Grenzen Ihrer Beratung?

Zu starke Einmischung ist nicht gut. Kann ja sein, daß jemand Gewürgtwerden als total lustvoll empfindet. Sado-Maso-Anhänger gibt es ja häufig unter Nichtbehinderten.

Warum also nicht auch unter Behinderten? Ich rate auch Betreuern davon ab, ihre eigenen Vorstellungen von Glück, Liebe, Sex und Moral zu sehr einzubringen. Manche bemühen sich sehr, für ihre Betreuten Partner zu finden, weil sie meinen, das sei das Beste. Dabei sind die Betreuten vielleicht noch gar nicht bereit für eine feste Beziehung.

Feste Beziehungen zu finden – das ist doch aber besonders schwierig für behinderte Schwule?

Stimmt. Wenn sie allein nicht mobil sind, ist es für sie besonders schwierig, einen Partner kennenzulernen. Können sie sich selbständig in der Stadt bewegen, kann es sein, daß es ihnen leichtfällt, Männer für einmalige sexuelle Begegnungen zu treffen. Jemanden für den Aufbau einer festen Beziehung zu finden, kann zum Problem werden. Einige Behinderte wollen aber noch gar keinen Partner, sie sind ganz zufrieden damit, im Park, am Strand, ja, eben auch in Toiletten Männer zu beobachten und sich dabei vielleicht selbst zu befriedigen. Manchem wäre auch schon geholfen, wenn ein Betreuer oder eine Betreuerin mal mit ihm an einen Kiosk ginge, um ein Heft mit Abbildungen von nackten Männern zu kaufen.

Was würden Sie Stefans Mutter aus dem oben genannten Beispiel raten?

Sie sollte mit ihrem Sohn in die Schwulenberatung gehen. Es tut ihm sicher gut, sich von einem Mann beraten zu lassen, der die schwule Lebenswelt kennt. Ich bin mit meinen Klienten und deren Betreuern auch schon in Schwulen-Treffs, also Cafés, Kneipen, Bars gegangen, um ihnen ein schwules Umfeld zu zeigen.

Aber wenn man noch gar nicht weiß, ob Stefan wirklich schwul ist?

Dann schafft Kontakt zur Schwulenberatung vielleicht Klarheit. Aber alles braucht eben Zeit – auch Stefan auf dem Weg zu sich selbst.

Was man der Mutter unbedingt sagen sollte: Es gibt eine Reihe von schwulen geistig behinderten Männern, die wissen, was sie wollen. Die sich abgrenzen können. Die für ihre Betreuer pflegeleichter sind – im besten Sinne des Wortes –, weil sie ihre sexuellen Vorlieben nicht verheimlichen müssen.

Schwulenberatung für geistig behinderte Menschen wird aber nicht überall angeboten. Wohin wendet man sich?

Man kann mich mittwochs von 15 bis 17 Uhr in meiner Sprechstunde anrufen: 030/19446, Fax 030/32703041. Ich werde dann versuchen, Ansprechpartner in den jeweiligen Städten zu finden.

Auch für lesbische behinderte Frauen kann es Hilfe geben, wenn man gezielt und lange genug danach sucht.

In vielen Großstädten finden sich Initiativen lesbischer Frauen. Einige davon beginnen, sich für behinderte – auch für geistig behinderte – Frauen stark zu machen.

14. Aids. Wie groß ist die Gefahr für geistig behinderte Menschen?

In Deutschland leben 35000 bis 45000 Menschen, die mit dem HIV-Virus infiziert sind, pro Jahr kommen 2000 bis 2500 Neu-Ansteckungen hinzu. Bei rund 16000 Menschen ist Aids voll ausgebrochen. 10500 sind daran gestorben.

Es gibt keine offizielle Statistik darüber, wie viele der Infizierten, Kranken oder Toten eine geistige Behinderung haben oder hatten. Fachleute z. B. der Lebenshilfe gehen davon aus, daß geistig behinderte Menschen eher weniger von Aids bedroht sind als nichtbehinderte.

Auf einer Fachtagung in Marburg 1989 kamen die Teilnehmer aufgrund ihrer persönlichen Einschätzung auf insgesamt 13 aidskranke oder HIV-positive geistig behinderte Menschen. Geht man davon aus, daß bei uns rund 120000 geistig behinderte Erwachsene leben, entsprechen diese Zahlen etwa 0,01 Prozent.[1] Bei Nichtbehinderten sind etwa 0,05 Prozent von HIV betroffen.

Sicher haben geistig Behinderte, besonders wenn sie auf den Rollstuhl angewiesen sind, kaum Gelegenheit, sich über die üblichen Infektionswege anzustecken. Denn dazu ist intimer körperlicher Kontakt nötig, und dafür haben viele Behinderte weder die Fähigkeit noch die Möglichkeit.

Aber es sind unter geistig behinderten Menschen auch Frauen, die der Prostitution nachgehen, und schwule Männer, die sich als Strichjungen manche Mark dazu verdienen, sowie Männer, die zu Prostituierten gehen. Erfaßt sind sie in keiner Statistik. Aber nur weil keine Zahlen vorliegen, darf man nicht annehmen, daß es »so etwas« nicht gibt.

1 Joachim Walter, *Sexualität und geistige Behinderung*, Heidelberg

Denn es sind ja auch andere Übertragungswege möglich, z. B. über Blutkonserven. Vorstellbar ist also, daß in einem Wohnheim oder in einer Wohngruppe ein HIV-positiver Mensch lebt. Wie sollen Eltern und Betreuer mit dieser Situation umgehen?

Falsch wäre Panik. Wie man sich als Betreuer oder Pfleger schützt, steht in jedem Handbuch, wird in Kursen gelehrt. Im allgemeinen hat sich die Aids-Hysterie der vergangenen Jahre etwas gelegt, weil die Krankheitsfälle weit unter den prognostizierten Zahlen geblieben sind. Falsch wäre sicher auch, das bißchen Liberalisierung und Normalisierung, das man geistig behinderten Menschen seit einigen Jahren zugesteht, in falsch verstandenem Beschützerverhalten wieder zu reduzieren.

Manche Heime, aber auch Gesundheitsämter verlangen ein negatives Aids-Test-Ergebnis, bevor sie einen geistig behinderten Menschen aufnehmen. Einige Einrichtungen schicken die ihrer Meinung nach auffälligen Bewohner zum Aids-Test. Beides macht wenig Sinn, denn die Tests weisen nur Antikörper auf Infektionen nach, die bereits einige Wochen zurückliegen. Wer sich drei Tage vor dem Test angesteckt hat, gilt demnach als nicht infiziert. Das vermittelt eventuell falsche Sicherheit. Regelmäßige Zwangstests sind bereits vorgeschlagen, von der Lebenshilfe und anderen Verbänden aber abgelehnt worden.

Als besserer Weg gilt Aufklärung. »Wenn sich alle Mitarbeiter durch entsprechende Hygiene-Maßnahmen schützen und alle betroffenen geistig behinderten Menschen sozialpädagogisch begleitet und über adäquates Sexualverhalten informiert sind, so entfällt jeder denkbare Vorteil durch die Kenntnis möglicher Testergebnisse der Bewohner und Bewohnerinnen«, heißt es in den Aids-Orientierungshilfen der Evangelischen Stiftung Alsterdorf. In ihrem Konzept steht der bemerkenswerte Satz: »Sowohl heterosexuelle wie homosexuelle Bewohner mit häufig wechselndem Geschlechtsverkehr außerhalb der Einrichtung und Geschlechtsverkehr im Prostituiertenmilieu müssen eine spezielle Aufklärung über Risiken und risikoarme Sexualpraktiken bekommen.«[2] Dabei sollen sexuelle Verhaltensweisen nicht abqualifiziert werden, auch wenn sie dem eigenen Leitbild von Partnerschaft und Sexualität entgegenstehen, d. h. Safer-Sex-Praktiken werden geübt, Kondome sind im Heim frei und kostenlos zu haben.

2 Zitiert nach: »Umgang mit dem Problem AIDS im Zusammenleben geistig behinderter Menschen«, Reihe *Orientierungshilfen und Richtlinien für Mitarbeiter im Behindertenbereich*, herausgegeben von der Ev. Stiftung Alsterdorf

15. Wie lernen, leben und arbeiten geistig behinderte Menschen?

Mit vielen Problemen müssen sich die Eltern geistig behinderter Jugendlicher auseinandersetzen. Eines davon ist die Sorge, ob sie auch wirklich alles in ihrer Kraft Stehende getan haben, um ihr Kind zu fördern. Hat es alles gelernt, was es lernen kann? Hat es alle Fähigkeiten entwickelt, die – vielleicht – in ihm stecken? Kindergarten, Sonderschule, heilpädagogische Tagesstätte, Werkstufe, Krankengymnastik und andere Therapien haben meist nicht das gebracht, was Eltern sich erträumen. Das Kind wird erwachsen, kann immer noch nicht lesen, schreiben, rechnen, vielleicht noch nicht laufen oder sich die Schuhe zubinden? Wird es auch nichts davon mehr lernen?

Vielleicht doch. Jeder Mensch hat die Fähigkeit, sein Leben lang dazuzulernen – auch Leute mit einer geistigen Behinderung können das. So wichtig und dringend wie die Frühförderung ist, so vernachlässigt wurde bis vor einigen Jahren die Erwachsenenbildung geistig behinderter Menschen. Gerade dadurch läßt sich aber noch manches nachholen. Experten gehen davon aus, daß es bei geistig behinderten Menschen im Alter ab 20 eine Nachreifung der Gehirnstrukturen gibt. Der Gipfel der Lernfähigkeit liege bei ihnen deshalb zwischen 24 und 30 Jahren. In diesem Zeitraum sind geistig behinderte Erwachsene auch meist stark motiviert zu lernen. Sie haben die Sonderschule hinter sich, haben in der WfB gearbeitet, merken selbst, was ihnen an wichtigem Wissen für ihren Alltag fehlt. Jetzt möchten sie selbst dringend lernen, wie man Schilder an Türen, Geschäften, Straßen, Bussen liest, wie man kocht, wie man richtig mit Geld oder mit der Wäsche umgeht.

Viele Einrichtungen bieten für geistig behinderte Erwachsene Fördergruppen und Fortbildungsmöglichkeiten mit genau begrenzten Lernzielen an. Das Bildungswerk des Augustinums in Oberschleißheim bei München, eine Art Volkshochschule für geistig behinderte Erwachsene, besteht seit 20 Jahren. Im Rahmen seines »TIP-Programms« bietet es zum Beispiel Kurse an wie: »Wir kochen, was uns schmeckt«, »Pfennig und Mark, der Umgang mit Geld«, »Pferde, unsere Freunde«, »Töpfern von Krippenfiguren«, »Volkstänze aus aller Welt«, aber auch Training im Lesen, am Computer, Fußball, Judo und Reiten. Einige dieser Kurse sind auch für Schwerstbehinderte geeignet. Das Theodor-Heckel-Bildungswerk, eine Einrichtung des Heilpädagogischen Centrums Augustinum, ist als eigenständige Bildungseinrichtung für geistig behinderte Ewachsene bislang einmalig in der Bundesrepublik. Aber auch andere Behinderten-Institutionen kümmern sich verstärkt um die Weiterbildung. Eltern sollten sich erkundigen, welche Angebote es an ihrem Wohnort gibt, und ihre Tochter oder ihren Sohn ermutigen, Kurse zu besuchen, die gezielt weiterhelfen können. Außer dem »TIP-Programm« gibt es im Theodor-Heckel-Bildungswerk seit 15 Jahren die TABS, die Tagesbildungsstätte. 30 geistig behinderte Frauen und Männer können sie ein Jahr lang besuchen. Sie werden dafür von ihrer WfB freigestellt, ihr Arbeitsplatz bleibt ihnen erhalten. Wichtig ist, daß die Behinderten mindestens zwei Jahre dort gearbeitet haben. Gerade wenn sie den Arbeitsalltag kennen, sind sie motiviert, noch einmal zu lernen.

In kleinen Gruppen arbeiten die TABS-Teilnehmer an vier Projekten: Sie trainieren für den Alltag, beschäftigen sich mit Garten und Umwelt, studieren ein selbsterdachtes Theaterstück ein, stellen eine Zeitung namens »Kleeblatt« her, die sie für zwei Mark verkaufen. Jede Gruppe macht zusätzlich ein Wohntraining; einmal im Monat übernachten die Teilnehmer eine Woche lang in der TABS.

Kehren die behinderten Frauen und Männer nach einem Jahr an ihren Arbeitsplatz zurück, sind sie selbständiger und selbstbewußter. Sie können mit ihrer Freizeit mehr anfangen, können ihre Wünsche besser äußern, haben mehr Verständnis für andere und sind im ganzen ein gutes Stück vorangekommen.

Diese Beispiele zeigen, daß es auch für geistig behinderte Menschen nie zu spät ist, zu lernen. Es müßte allerdings mehr Fortbildungsmöglichkeiten dieser Art geben. In der Schweiz und in den skandinavischen Ländern werden sie seit längerem mit großem Erfolg praktiziert. Es ist an den Eltern, sich nach solchen Einrichtungen zu erkundigen, sie – wenn nötig – nachdrücklich zu fordern. Es ist wie überall: Nur wenn das öffentliche Interessse groß genug ist, geschieht auch etwas.

Leben in einem Wohnheim

Manfred S. ist Leiter einer Tagesbildungsstätte und eines »Lebenshilfe«-Wohnheims in Niedersachsen. Im Wohnheim, einem architektonisch reizvollen, gut ausgestatteten Bau, der aufgrund einer Elterninitiative vor elf Jahren begonnen und vor drei Jahren eröffnet wurde, leben 19 geistig behinderte Frauen und 19 geistig behinderte Männer in vier gemischten Gruppen. Sie sind zwischen 18 und 56 Jahre alt. Viele leben in Einzelzimmern, manche in Doppelzimmern. Eine 48jährige Frau und ein 50 Jahre alter Mann haben sich vor einiger Zeit verlobt. Sie bewohnen – als einziges Paar – ein Doppelzimmer.

Das große Haus besteht aus einer Halle mit Sitzgruppen, dem sogenannten Kommunikationszentrum, und vier in sich abgeschlossenen Wohneinheiten. Dazu gehören jeweils eine große Küche, drei Badezimmer (jeder Bewohner hat sein eigenes Waschbecken), eine Waschküche mit normal großen Haushaltswaschmaschinen (jeder soll seine Wäsche selbst waschen), ein Aufenthaltsraum und die Wohnräume.

Jeder Behinderte hält, so gut er kann, sein Zimmer in Ordnung, schließt es ab, nimmt den Schlüssel mit, wenn er zur Arbeit in die Werkstatt fährt. Alle helfen beim Einkaufen, beim Kochen, beim Saubermachen der Gemeinschaftsräume. Ein Gruppenleiter (von Beruf Erzieher oder Heilerziehungspfleger) verteilt die Aufgaben. Unterstützt wird er durch einen Heilerziehungshelfer oder durch eine andere »lebenserfahrene« Person. Außerdem arbeiten in dem Heim vier Zivildienstleistende, zwei Praktikanten und eine Hauswirtschaftsleiterin, der zwei Ex-Sonderschülerinnen zur Hand gehen.

Meine Frage an Manfred S.: Gibt es unter den Bewohnern dieses Heimes Probleme mit der Sexualität?

»Sicher gibt es bei uns solche Probleme. Aber es sind dieselben Probleme, die Nichtbehinderte eben auch haben. Die Bewohner flirten miteinander, in Einzelfällen sogar recht heftig. Das geht bis zu gegenseitigen Besuchen in der Nacht. Es gibt Streit und Eifersüchteleien, aber auch das ist ja normal. Mich erstaunt immer wieder, mit wieviel Elan und missionarischem Eifer viele Betreuer den Behinderten das predigen, was sie selbst, die Erziehungsprofis also, in ihrem eigenen Alltag häufig nicht in den Griff kriegen. Die Behinderten sollen rücksichtsvoll miteinander umgehen, sie sollen Verständnis füreinander haben. Sie sollen, wenn sie einen Partner haben, treu sein und möglichst keine unerwünschten Kinder zeugen. Sehen Sie sich doch mal um: Wie viele Nichtbehinderte schaffen denn das?

Natürlich ist es wichtig, daß wir uns Gedanken darum machen, wie Behinderte gut und richtig leben können. Gerade auf dem Gebiet der Aufklärung müssen wir noch viel mehr tun. Denn wenn die Eltern, die Lehrer, die Betreuer, einen Behinderten nicht so aufklären, daß er es versteht, weiß er natürlich nicht, wohin mit seinen Gefühlen, Wünschen und Sehnsüchten.

Bloß: Wir sollten aus der Aufklärung, dem Umgang mit der Sexualität im allgemeinen, keine Wissenschaft machen. Bei uns läuft es doch häufig so, daß wir ein Problem vermuten, vielfach bedenken, dann einen Modellversuch starten und anschließend das Ganze doch wieder begraben. Meiner Meinung nach müssen wir sehr viel pragmatischer mit geistig behinderten Menschen umgehen. Ich erlebe immer wieder, daß Eltern sich viel zu große Sorgen machen. Sie argwöhnen und lauern auf Auffälligkeiten, die dann – vielleicht – auch auftreten, aber Teil einer Entwicklung sind und durchaus keine Katastrophe.

Ich kann die Ängste der Eltern verstehen. Die größte Furcht ist sicherlich, daß ihre Tochter, ihr Sohn, Kinder in die Welt setzt. Aber diese Angst ist übertrieben und führt zu Beschränkungen und Eingriffen, die nicht gerechtfertigt sind. In unserem Wohnheim ist eine Frau sterilisiert. Sie kam so zu uns. Wir empfehlen Sterilisationen nicht – schon gar nicht bei Frauen, denn der Eingriff ist ja gar nicht so harmlos.

Wenn ein Paar sich findet und Geschlechtsverkehr hat, dann sollte der Mann sterilisiert werden, vorausgesetzt, er ist damit einverstanden. Wir entscheiden sonst von Fall zu Fall. Verträgt die Frau die Pille? Wie ist das mit der Dreimonatsspritze, wie mit der Spirale?

Verhütung ist wichtig, keine Frage. Denn geistig Behinderte sind mit dem Erziehen eines Kindes meist wirklich überfordert. In so einem Fall würden wir Beistand jeder Art geben. Das können wir auch. Aber ich denke an das Kind, das später nicht sagen kann: ›Mein Vater ist Bäcker, Tischler oder Lehrer‹, sondern bekennen muß: ›Er ist geistig behindert, er lebt in einem Wohnheim. Und meine Mutter auch.‹ Das ist für einen Heranwachsenden doch eine kaum zu tragende Last.

Eine Frau aus unserem Heim war schwanger. Sie wollte das Kind, sie hat es ausgetragen. Es war gesund und wurde mit Zustimmung der Mutter gleich nach der Geburt in eine Pflegefamilie gegeben – ohne Nachteile für die seelische Verfassung der Mutter. Eine unserer Bewohnerinnen ist auf dem Heimweg von der Werkstatt am hellichten Tag auf der Straße vergewaltigt worden. Sie kam völlig verstört nach Hause, vertraute sich zögernd einer Mitbewohnerin an. Die sagte es der Gruppenleiterin. Mit Hilfe einer sehr einfühlsamen Polizeibeamtin ist es uns gelungen, durch die Vorlage von Fotos den Täter zu identifizieren – einen einschlägig bekannten, nicht behinderten Mann. Zu einer Gerichtsverhandlung ist es nicht gekommen, weil wir der Frau die Vernehmung ersparen wollten. Wie hätte sie den Fragen des Verteidigers standhalten sollen? Da stand Aussage gegen Aussage. Für uns alle war diese Erfahrung ein schlimmer Schock.

Ein Heimbewohner wurde als ›Spanner‹ auffällig. Wir haben mit ihm viele Gespräche geführt. Das heißt, eigentlich haben wir ihm nur gut zugehört. Einem geistig Behinderten zuzuhören, ist nicht einfach. Allzuoft nickt man, ergänzt, hilft mit Worten aus, weil man glaubt, daß man weiß, was er sagen will. Und dann wird's falsch. Man muß wirklich geduldig abwarten können, bis jemand, der Schwierigkeiten mit der Sprache hat, sich auf seine Art artikuliert. Unser Mann hatte Probleme am Arbeitsplatz, Probleme mit einer Freundin und nie die Möglichkeit, mit jemandem darüber zu sprechen. Sein Ventil war das Spannen. Er wollte teilhaben an dem Geheimnisvollen, Verbotenen, und er tat es, indem er Schlafzimmerfenster ausfindig machte und sich auf die Lauer legte. Nachdem wir ihm lange zugehört hatten, haben wir ihn ermutigt, sich seiner Freundin zu nähern. Wir haben ihm auch gesagt, wie: Händchen halten, umarmen, küssen. Unseren Beobachtungen nach ist der Mann nicht wieder auffällig geworden.

80 Prozent der Beziehungen, die in unserem Heim laufen, sind übrigens platonisch. Behinderte wollen schmusen, Zärtlichkeit geben und nehmen. Das reicht ihnen. – Es gibt zwei Psychologen hier im Haus, wir haben sie aber bei partnerschaftlichen Problemen noch nie einsetzen müssen. Nur bei der vergewaltigten Frau war psychologische Hilfe wichtig, um die Frau langsam wieder zu stabilisieren.«

Zu zweit in einer Wohnung

Annette Krüger und Werner Neumann, beide 30, leben in einer Sozialwohnung: zwei Zimmer, Küche, Bad. Hauptmieter ist Herr Neumann.[1] Annette Krüger gilt als seine Untermieterin, auch wenn sie keinen entsprechenden Vertrag hat. Vor drei Jahren sind die beiden eingezogen. Die wenigen Möbel, die in die kleine Wohnung passen – Tisch, Couchgarnitur, Doppelbett – haben sie selbst angeschafft.

Das Paar kümmert sich selbständig um den Haushalt. Das klappt, weil Annette Krüger und Werner Neumann ambulant betreut werden. Das heißt, einmal in der Woche kommt eine Sozialpädagogin, um zu helfen, falls Hilfe gebraucht wird.

Annette Krüger erzählt:
»Warum ich behindert bin, weiß ich nicht. Meine Mutter hat mit mir nie darüber gesprochen. Als Kind bin ich wohl mal eine Treppe runtergefallen und war drei Stunden bewußtlos. Vielleicht liegt es daran, daß ich nur langsam lerne und mich nur schwer konzentrieren kann. Ich bin halt immer auf Sonderschulen gewesen. Jetzt arbeite ich in einer Wohn-

---

1 Es gibt auch Wohnungen für geistig behinderte Menschen, die von Behinderten-Organisationen gemietet und bezahlt werden.

gruppe, wasche, bügle, putze. Die Arbeit macht mir keinen Spaß, aber etwas anderes gibt es für mich ja nicht. Werner arbeitet in der Förderstätte. Er füttert die Leute da, bringt sie aufs Klo. Werner kennt den Grund für seine Behinderung auch nicht. Er kann ein bißchen lesen, aber nicht schreiben. Manchmal denke ich, es liegt an seinem Zuhause. Er hat, glaube ich, sieben Geschwister, und alle sind ziemlich gräßlich zu ihm. Einmal war ich mit ihm bei seiner Familie. Da sagen die doch ›Grüß Gott, Behinderter‹ zu ihm. Das ist wirklich eine Gemeinheit.

Kennengelernt habe ich den Werner in der Wohngruppe. Da hat es gleich gefunkt. Schwierigkeiten hatten wir deswegen nicht. Wir konnten uns in unseren Einzelzimmern besuchen. Wär's verboten gewesen, hätten wir es heimlich gemacht. Eigentlich war es schön in der Wohngruppe, aber die Behinderten haben mich gestört. In der Arbeit Behinderte und dann nach Feierabend auch noch Behinderte. Mir war das einfach zuviel. Ich sage auch niemandem, daß ich behindert bin. O. k., wenn es ums Geld geht, bei Eintrittspreisen und so, dann zeige ich schon meinen Behindertenausweis, sonst rede ich aber nicht darüber. Ich hatte mal einen nichtbehinderten Freund. Der ist erst ziemlich spät darauf gekommen, daß mit mir etwas nicht stimmt. Dem ist nur aufgefallen, daß ich immer ›ja‹ gesagt habe, auch wenn ich irgend etwas überhaupt nicht verstanden habe. Als ich schließlich damit rausgerückt bin, daß ich eine geistige Behinderung habe, war er ganz fassungslos. ›Das hättest du mir doch sagen können«, meinte er. Und er hat gar nicht verstanden, daß ich mich vor ihm schäme.

Mit Werner bin ich glücklich. Wir verstehen uns prima. Wir können gut über alles reden. Daß wir in diese Wohnung ziehen konnten, ist wirklich toll für uns. Die Miete von 300 Mark zahlen wir selber – von dem, was wir verdienen. Wir kommen ganz gut zurecht.

Gerda (die Sozialpädagogin) hilft uns sehr. Anfangs hatten wir Probleme mit den Nachbarn, weil wir zu laut waren. Fernseher und so, und ab und zu haben wir uns auch gestritten. Gerda hat dann mit den Nachbarn geredet und mit uns auch. Seitdem vertragen wir uns mit allen. Gerdas Hilfe brauchen wir hauptsächlich bei Papierkram, Versicherungen und was alles so kommt. Und wir besprechen auch unsere Probleme mit ihr. Streit gibt es bei uns immer wegen der Ordnung. Werner ist sehr ordentlich. Hat er Kaffee getrunken, wäscht er die Tasse gleich ab. Und das erwartet er auch von mir. Ich warte aber lieber, bis ein ganzer Berg Geschirr da ist und der Abwasch sich lohnt. Gerda hat mit uns zusammen ein Programm gemacht. Wann wer mit Abwaschen, Putzen, Kochen, Einkaufen dran ist. Daran halten wir uns. Trotzdem gibt es da manchmal noch Ärger.

Was die Verhütung angeht: Ich habe die Spirale. Meine Mutter hat mal mit mir über die Sterilisation geredet. ›Ich bin doch keine Katze‹, habe ich geantwortet. Die Pille kommt auch nicht in Frage, weil ich die vergesse. Meine Mutter hat mir früher die Dreimonatsspritze geben lassen, damit ich bei der Regel nicht immer solche Bauchschmerzen habe, hat sie gesagt. Später ist der Werner drauf gekommen, was es mit der Spritze auf sich hat. Ich habe davon gar nichts gewußt. Seit einigen Jahren schon gehe ich selbst zur Frauenärztin. Sie hat mir zur Spirale geraten, und ich bin ganz zufrieden damit.

Früher habe ich mir schon gewünscht, daß der Werner und ich heiraten. Jetzt sehe ich das anders. Wenn wir uns mal trennen, was ja sein kann, dann können wir doch leichter auseinandergehen. Aber noch ist von so etwas gar nicht die Rede. Im Gegenteil.

Ein Kind hätte ich schon gerne, aber ich weiß nicht, ob ich das schaffe. Das würde nur gehen, wenn die Gerda uns hilft. Es könnte ja in den Kindergarten gehen und später vielleicht in ein Internat. Ich weiß, daß weder ich noch Werner dem Kind bei den Hausaufgaben helfen könnten. Aber welche

Eltern können das schon? Manche nichtbehinderte Eltern schaffen das ja auch nicht. Ein bißchen würde ich mich schon davor fürchten, daß das Kind eines Tages sagt: ›Mama, du bist dumm. Du verstehst das nicht.‹ Aber vielleicht ist das Erziehungssache. Vielleicht kann man ein Kind mit so viel Liebe erziehen, daß es später sagt: ›Ich kenne eure Schwierigkeiten, aber ich finde euch trotzdem toll.‹ Meine Eltern und Geschwister lieben mich ja auch. Sie würden mir auch helfen mit dem Kind, auch wenn sie anfangs wahrscheinlich erst einmal die Hände über dem Kopf zusammengeschlagen hätten. Aber noch traue ich mich das nicht mit dem Kind und der Werner auch nicht.

Was ich mir wirklich wünsche – das ist eine andere Arbeit. Einmal habe ich mich in einem Kaufhaus beworben, so fürs Lager. Der Chef hat mich gefragt, ob ich behindert sei, und da habe ich ja gesagt. Er tat so, als ob ihm das gar nichts ausmacht und hat gemeint: ›Sie hören von uns. Wir telefonieren.‹ Der hat sich aber nicht gemeldet. Allgemein traut man uns Behinderten viel zu wenig zu. ›Das sind doch eh Deppen‹, denken die meisten. Aber wir können viel, wenn man uns hilft. So wie die Gerda das für uns tut.«

Gerda O., Sozialpädagogin:
»Annette und Werner kennen sich seit zehn Jahren. Sie trafen sich in der Wohngruppe, zogen etwa ein Jahr danach in ein Doppelzimmer. Später hatten sie ein kleines Appartement in der Wohngruppe, mit eigener kleiner Küche. Das war so eine Art Wohntraining. Unser pädagogisches Konzept ist darauf ausgerichtet, daß die geistig behinderten Menschen, die es schaffen können, Selbständigkeit üben und aus der Wohngruppe ausziehen.

Ich arbeite in der Wohngruppe und mache außerdem die ambulante Betreuung. Ich trete nur in Aktion, wenn ich gebraucht werde, maximal vier Stunden pro Person und Woche. Bei Annette und Werner geht es hauptsächlich darum,

System in ihre Papiere, also Anträge, Rechnungen, Quittungen zu bringen. Das Sortieren machen wir zu dritt, damit die beiden selbst einen immer größeren Überblick bekommen und selbst wissen, was schnellstens erledigt werden muß, was abgeheftet werden kann. Das von Annette angesprochene Problem Ordnung müßte gar keins sein, wenn die beiden toleranter miteinander umgehen könnten. Sie haben nun mal unterschiedliche Auffassungen darüber, was Ordnung ist. Es fällt ja schon manchen nichtbehinderten Paaren nicht leicht, solche Konflikte zu lösen. Bei Annette und Werner kommt hinzu, daß sie ein völlig unrealistisches Bild von sich und vom Partner haben. Keiner will nachgeben, weil er fürchtet, vom anderen bevormundet zu werden. Sie müssen erst lernen, miteinander über ihre Probleme zu reden. Das braucht Zeit – und Geduld.«

Beschützte Familien

Zur Arbeit der »Lebenshilfe« in Braunschweig gehört die Frühförderung von geistig behinderten Kindern zwischen ein und drei Jahren aus derzeit 25 Familien, ein Kindergarten, den 50 behinderte Kinder besuchen, die Nachmittagsbetreuung von 200 Sonderschülern. Dazu kommen vier Werkstätten für Behinderte mit Trainings- und Arbeitsplätzen in der Tischlerei, Töpferei, Schreinerei, Druckerei, Federkernherstellung. Im Training sind 57 Behinderte, 630 arbeiten in den Werkstätten. 110 geistig behinderte Erwachsene leben in den Wohnstätten, in der kleinsten sechs, in der größten 26. Sechs geistig behinderte Erwachsene wohnen »ambulant betreut«, das heißt, in selbst gemieteten Wohnungen. Einmal in der Woche kommt ein Sozialpädagoge und hilft, falls seine Hilfe gebraucht wird. Er kümmert sich 20 Stunden pro Woche um sechs geistig Behinderte.

Sechs andere wohnen »betreut«, nämlich in Wohnungen,

die die »Lebenshilfe« gemietet hat und für die sie auch die Miete zahlt. Probleme mit Vermietern werden vom Haupthaus gelöst, und andere Formalitäten werden ebenfalls dort bearbeitet. Zum Besprechen privater Probleme kommt ein/e Heilerziehungspfleger/in oder ein/e Erzieher/in. Seit einigen Jahren betreut die »Lebenshilfe« Braunschweig ambulant Familien, in denen Mutter oder Vater behindert sind. Hier ist der Bericht des Wohnstättenleiters:

»Zunächst ging es um eine von uns betreute Frau. Sie lebte in einem unserer Wohnheime, konnte – wenn auch eingeschränkt – lesen, rechnen, schreiben. Sie wollte, und wir befürworteten das, in eine Sozialwohnung ziehen. Mitte 20 wurde sie schwanger von einem Mann, ebenfalls Mitte 20, der bei uns in der Tischlerei arbeitet und auch ähnlich geistig behindert ist. Sie hat uns von ihrer Schwangerschaft nur sehr zögernd erzählt, weil sie fürchtete, daß wir auf eine Abtreibung drängen würden. Das taten wir aber nicht. Wir setzten uns mit ihr und ihrem Freund zusammen und beratschlagten: Was ist zu tun? Welche Möglichkeiten gibt es? Wir waren der Überzeugung, daß die beiden es schaffen könnten. Das stimmte auch. Das Paar hat mittlerweile zwei Kinder – der Sohn ist jetzt 4½, die Tochter ein Jahr und zwei Monate – und kommt damit gut zurecht. Der Sohn ist etwas klein geraten, aber nicht behindert. Er hat eine Sprachentwicklungsverzögerung, die aber bald erkannt wurde. Der Junge geht nicht in einen unserer Kindergärten für geistig behinderte Kinder, sondern in einen Sprachheilkindergarten. Das reicht, das wird ihm helfen. Wir denken, daß er dort aufholt, was ihm jetzt fehlt. Seine Mutter spricht auch sehr undeutlich, vielleicht hat er sich seine Sprachbehinderung von dort ›abgehört‹. Die kleine Tochter ist ein Prachtexemplar. Sie wird sich sicher gut entwickeln. Ich bin natürlich oft gefragt worden: Kümmert ihr euch denn überhaupt nicht um die Verhütung bei den Menschen, die bei euch leben? Darauf reagiere ich ein bißchen sauer. Wir kontrollieren unsere Betreuten ja nicht Tag und Nacht. Wir wußten, daß die Frau die Pille nimmt, aber wir haben nicht regelmäßig, also jeden Tag, verfolgt, ob sie ihre Pille nun prompt nahm oder nicht. So verstehen wir unsere Aufgabe auch nicht – jedenfalls nicht in diesem Fall. Die Frau hat die Pille – mit Einverständnis ihres Freundes – abgesetzt, weil beide sich ein Kind wünschten. Wir konnten gar nicht dagegen sein, denn ihr Beispiel beweist, daß auch geistig Behinderte mit einem Kind oder wie in diesem Fall mit zweien ganz gut zurechtkommen, wenn entsprechende Hilfe da ist.

Natürlich haben sie auch Probleme. Aber die sind ziemlich normal. Irgendwann glaubte der Mann, er habe was verpaßt, er meinte, nach anderen Frauen sehen zu müssen. Das hat sich aber, ohne daß wir groß eingreifen mußten, gelegt.

Ständig stehen aber vor der Haustür der beiden Versicherungs- oder Handelsvertreter, die ihnen irgendwelche unsinnigen Dinge anbieten. So hat der Mann, obwohl beide konsequent auf eine Stereoanlage sparten – da sind sie meist ziemlich eisern – eine Riesenlieferung Wein bestellt. Wir konnten das gar nicht rückgängig machen, weil der meiste Wein schon getrunken war. Wir versuchen natürlich immer zu helfen, wenn es zum Abschluß solcher dubioser Verträge gekommen ist. Manchmal klappt's, manchmal nicht. Es ist ja unglaublich, was gerade geistig Behinderten, die ambulant betreut werden, an der Haustür immer wieder aufgedrängt wird. Aber das ist nur eins der Probleme.

Wir versuchen vor allem, die Frau zu stabilisieren. Sie ist diejenige, die das Geld zusammenhält, die ihren Freund morgens aus dem Bett rollt. Er bliebe viel lieber gemütlich zu Hause bei den Kindern, statt in die Werkstatt zu fahren. Ihr Einfluß ist da sehr wichtig.

Was macht nun unser ambulanter Betreuer? Er hat zum Beispiel bei der Möbelbeschaffung sehr geholfen. Unser Paar hat sich seine Möbel selbst besorgt. Er arbeitet ja bei uns in der Tischlerei. Da gab's mal eine Schrankwand, die beiden gefallen hätte, wäre sie nicht so altmodisch gewesen. Da hat unser Sozialarbeiter Renovierungsvorschläge gemacht, die von beiden gern akzeptiert wurden. Und heute sind sie stolz auf ihre schicke Schrankwand. Noch wichtiger für uns ist aber, einen guten Draht zum Kinderarzt zu haben. Das mit der Sprachbehinderung haben wir sehr schnell gemerkt, weil unser ambulanter Betreuer eben auch mal beim Kinderarzt vorbeifährt und sich da von Auffälligkeiten berichten läßt. Ich muß sagen, um die Kinder dieser Eltern ist mir nicht bange. Sie kriegen zu Hause sehr viel Liebe und Zuwendung. Und wenn wir merken, daß sie mehr Förderung brauchen, werden wir dafür sorgen, daß sie sie bekommen. Wie lange das gutgeht, wissen wir nicht. Aber wir wachsen mit unseren Aufgaben, das steht mal fest.

Eine andere Frau lebt mit ihrem Kind in einer betreuten Wohnung. Das ist ein wenig anders als ›ambulant betreut‹. In diesem Fall haben wir die Wohnung gemietet. Papierkrieg mit dem Vermieter oder mit irgendwelchen Ämtern machen wir vom Haupthaus aus. Deswegen kommen wir auch mit dem gar nicht so günstigen Personalschlüssel einigermaßen aus.

Diese Frau hat sich ein Kind gewünscht und hat diesen Kinderwunsch auch so konsequent durchgesetzt, daß wir schließlich gar nichts mehr dagegensetzen konnten. Drei Wochen vor der Niederkunft haben wir von ihrer Schwangerschaft erfahren. Gut, sie war immer etwas rund, deswegen ist uns ihre Schwangerschaft auch nicht aufgefallen. Wir haben uns dann, fünf Minuten vor zwölf, hingesetzt und beratschlagt: Was können wir tun? Willst du Pflegeeltern für dein Kind? Wie kann Hilfe für dich aussehen? Wir haben die Frau dabei nicht bedrängt. Wir hatten schon im Hinterkopf, aufgrund unsrer Erfahrungen mit der anderen Familie, daß sie es schaffen könnte, zumal der Mann zu ihr stand und sie mit ihm auch zusammenziehen wollte. Sie hat das Kind ohne Komplikationen geboren. Sie versorgt es bis jetzt auch. Irgendwann wird das Kind von uns stärker zu fördern sein, aber darauf sind wir eingerichtet. Wir werden auch dieses Kind großziehen mit Liebe, Geduld und Verständnis für seine Eltern, was sicher ein heikles Problem ist. Aber auch andere Menschen haben Eltern, auf die sie nicht ein Leben lang stolz sein können. Und denen hilft keiner. Warum sollen wir es bei Kindern von geistig behinderten Eltern, die für ihre Behinderung ja überhaupt nichts können, nicht auch schaffen? Ihnen den Weg ins Leben zu ebnen, ist für uns eine wichtige Aufgabe.«

Arbeiten in einer Werkstatt für Behinderte

Beschäftigte – so werden die 290 Menschen genannt, die in einer weitläufigen Werkstatt-Anlage am Rande einer bayerischen Großstadt arbeiten. Alle 140 Frauen und 150 Männer sind geistig oder mehrfach behindert. Das Durchschnittsalter liegt bei 25 Jahren. Es gibt 18jährige, aber auch welche, die bald ihren 65. Geburtstag feiern.

Mitarbeiter – so nennen sich die insgesamt 90 Heilerziehungspfleger, Sozialpädagogen, Handwerksmeister, Facharbeiter, Verwaltungsangestellte, unter deren Leitung die Beschäftigten tätig sind. Dazu kommen Zivildienstleistende, Praktikanten, eine Betriebsärztin, drei Krankengymnastinnen, ein Psychologe und ein Leiter des Sozialdienstes. Er ist zuständig für Aufnahmen, Entlassungen, Versetzungen, Behördenkontakte, für die Beratung der Beschäftigten und ihrer Eltern.

In der Werkstatt gibt es eine Schreinerei, eine Hauswirtschaftsgruppe und verschiedene andere kleine Arbeitsgruppen, in denen zum Beispiel Elektroanlagen wie Schalter oder einfache Werkzeuge wie Tapetenscheren zusammengesetzt werden. Die Beschäftigten führen damit Aufträge aus, die aus der freien Wirtschaft kommen.

Die meisten der Beschäftigten wohnen zu Hause bei ihren Eltern. Viele werden mit Sonderbussen geholt und wieder zurückgebracht, einige fahren mit der S-Bahn. Rund 100 leben in Wohngruppen, nicht weit von der Werkstatt entfernt. Manche haben eine Mietwohnung, in der sie ambulant betreut werden. Das heißt, eine Fachkraft aus dem Sozialdienst fährt zu festgesetzten Zeitpunkten zu den Behinderten und schaut, ob sie Hilfe brauchen – beim Geldeinteilen, Einkaufen oder beim Sauberhalten der Wohnung.

Gearbeitet wird in der Werkstatt von 8 bis 16 Uhr, freitags bis 14 Uhr. Die Frühstückspause dauert eine halbe, die Mittagspause eine ganze Stunde. Die Beschäftigten werden aus der Kantine verpflegt.

Der Sozialdienstleiter:

»Unser Haus hat offene Türen. Wer mag, kann in seiner Mittagspause auch spazierengehen. Da kommt es schon vor, daß Paare sich in dem nahegelegenen Wald aufhalten. Wir haben zwar eine Pausenaufsicht, aber die kann ja nicht überall sein. Um keine allzu großen Probleme mit unserer Aufsichtspflicht oder besser: mit der Vernachlässigung der Aufsichtspflicht zu bekommen, sprechen wir vorher mit den Eltern oder dem Betreuer eines bei uns Beschäftigten und weisen sie darauf hin, daß wir die Menschen hier wie Erwachsene, nicht wie Kinder behandeln. Der persönliche Freiraum ist bei uns recht groß. Wir wollen ja nicht nur Arbeitsplatz sein, sondern auch etwas für die positive Lebensgestaltung der Beschäftigten tun. Sie sollen sich wohl fühlen bei uns. Einmal war eine Frau bei uns schwanger. Wer der Vater war, wurde nie geklärt. Die Frau lebte zu Hause und zog erst kurz vor der Entbindung in eine Wohngruppe. Die Wohngruppenleiterin und auch wir bemerkten die Schwangerschaft erst so spät, daß an eine Abtreibung gar nicht mehr zu denken war. Die Frau hat das Kind bekommen. Es wurde in eine Pflegefamilie gegeben, weil die Frau – wie wir vorausgesehen hatten – mit dem Baby nicht zurechtkam, es auch überhaupt nicht mehr wollte, als es auf der Welt war. Bei der Aufnahme in die Werkstatt fragen wir nicht danach, ob und welche Verhütungsmethoden angewandt werden, ob eine Frau oder ein Mann sterilisiert ist. Erst wenn wir merken, daß sich zwischen zwei Menschen etwas anbahnt, reden wir mit den beiden und geben ihnen deutliche Hinweise zur Verhütung. Manchmal erkundigen wir uns auch bei den Eltern. Dabei sind wir allerdings schon häufig aufgelaufen. Denn die Eltern fielen aus allen Wolken – so nach dem Motto: ›Meine Tochter, mein Sohn interessiert sich doch überhaupt nicht für das andere Geschlecht. Sie/er weiß doch gar nicht, wie das geht.‹ Da irren die Eltern aber ganz gewaltig.

Es wird bei uns viel geschmust und geküßt. In den Pausen sitzen die Paare auf den Bänken draußen oder hier drinnen auf der Couch und sind zärtlich miteinander. Wir greifen da erst ein, wenn es allzu heftig wird. Wir wissen ja, daß besonders diejenigen, die zu Hause wohnen, oft gar keine Möglichkeit haben, sich nach der Arbeit zu treffen und privat zusammenzusein. Nur bei uns haben sie die Möglichkeit zu solchen Kontakten. Ein Paar, das sich bei uns kennengelernt hat, ist mittlerweile verheiratet. Der junge Mann brauchte die Zustimmung seines Vormunds, und die hat er auch bekommen. Die beiden leben in einer Mietwohnung, sie werden ambulant betreut. Beide arbeiten nach wie vor bei uns, und es scheint ihnen gutzugehen. Auch diejenigen, die in verschiedenen Wohngruppen leben, sehen sich nach Feierabend meist nicht mehr. Sie freuen sich, wenn sie hier miteinander reden, sich umarmen und küssen können. Wir haben – innerhalb eines bestimmten Rahmens – nichts dagegen. Allerdings ermutigen wir auch niemanden. Es gibt bei uns keine Kuschelecken, keine Plätze, an denen die Beschäftigten wirklich unbeobachtet sind – außer den schon erwähnten Wald.

Auf eines achten wir allerdings mit regelrechten Argusaugen: Wenn zwei zur Toilette gehen und sich dort einschließen, sind wir sofort mit einem Nachschlüssel da. Wir sind da so besonders wachsam, weil wir einmal einen Beschäftigten hatten, der geistig fitter war als die meisten anderen und der sich gezielt an eine ziemlich hilflose Frau heranmachte und sie dazu brachte, mit ihm auf der Toilette zu verschwinden. Immer dann, wenn wir das Gefühl haben, daß ein Schwächerer ausgenutzt werden soll, schreiten wir ein.

Überhaupt haben wir die meisten Schwierigkeiten mit den Beschäftigten, die weniger schwer behindert sind. Manche wehren sich gegen ihr Behindertsein, indem sie bewußt provozieren. Es gab hier einen Beschäftigten, der auf dem Heimweg in der S-Bahn dadurch auffällig wurde, daß er sein Glied zeigte. Er war kein Exhibitionist, er wollte nicht onanieren, er wollte schockieren, also: ›Schaut her, was ich mich traue. Ich darf das, und ihr könnt nichts dagegen tun, denn ich bin ja nicht normal.‹ In diesem Fall hat sich der Psychologe eingeschaltet, Einzelgespräche mit dem Beschäftigten geführt, ihm klarzumachen versucht, daß er seine Vorteile, seinen wachen Verstand verspielt und durch sein Verhalten alle Beschäftigten in Mißkredit bringt. Der Appell an sein Verantwortungsgefühl hat genützt. Unser Psychologe kümmert sich auch, wenn ein Beschäftigter offensichtlich unglücklich ist, weint oder vor sich hin grübelt. Dann fragt er behutsam nach, spricht auch mit den Eltern. Oft steckt Liebeskummer dahinter; meist sind es kurzfristige Dramen, bei denen wir gut helfen können.«

Beschützte Familien im Heim

Die Marie-Christian-Heime e. V. in Kiel wurden 1908 als »Kieler Mädchenheim« gegründet. Das Ziel der Einrichtung war, Mädchen, Frauen und Kindern in Notsituationen zu helfen. Von Anfang an, verstärkt aber seit der Nachkriegszeit, gehören zu den betreuten Frauen auch geistig behinderte und psychisch kranke. Die Frauen leben in mehreren Häusern und Wohnungen. Es gibt Wohngruppen für Alleinstehende, für Mütter und Kinder, einen Kindergarten und Jugendgruppen, in denen Kinder und Jugendliche, die getrennt von ihren Müttern leben, erzogen werden und ihre Heimat haben. Vor einigen Jahren nahm das Heim zum ersten Mal einen obdachlosen, lernbehinderten Mann auf, der mit einer der betreuten Frauen ein Kind hat. Später kamen andere Familien dazu.

Die Leiterin der Heime sagt:
»Mit den Familien, die bei uns leben, haben wir ganz unterschiedliche Erfahrungen gemacht. Bei manchen lief es gut, bei anderen gab es Schwierigkeiten. Dabei gingen die Probleme meist von den Vätern aus. Einige können sich an das Familienleben nur schwer gewöhnen. Sie fühlen sich durch ihre Kinder genervt und überfordert, mögen ihren Anteil an der Betreuung nicht leisten. Manche haben am Arbeitsplatz, also in der WfB, Probleme, andere Schwierigkeiten mit der Frau, an die sie sich – vielleicht – viel zu früh gebunden haben. Eine Partnerschaft, das darf man nicht vergessen, ist immer auch eine Aufgabe, die täglich neu bewältigt werden muß. Das läuft bei Behinderten genauso wie bei Nichtbehinderten, nur ist es bei Behinderten noch um einiges schwieriger.

Von den geistig behinderten Frauen, die bei uns leben, hat kaum eine ein echtes Wunschkind. Die meisten von ihnen sind ungeplant schwanger geworden. Einige der Frauen waren schon einmal schwanger, haben eine Abtreibung oder eine Trennung vom Kind hinter sich. An der Entscheidung dazu sind sie oft aus Zeitmangel nicht richtig beteiligt worden. Bei der zweiten Schwangerschaft entschließen sie sich dann zu dem Kind, überschätzen dabei aber oft ihre eigenen Kräfte. Wir geben der Schwangeren jede Hilfe und Beratung, weisen aber auch immer darauf hin, daß es möglich ist, das Kind später zu Pflegeeltern zu geben. Die Trennung von Mutter und Kind sehen wir nicht als Mißerfolg, und auch die Mutter soll das nicht so sehen. Ist sie überfordert, braucht das Kind eine andere Umgebung, um besser gefördert werden zu können, ist Trennung die richtige Lösung. Die letzte Entscheidung muß aber von der Mutter selber kommen. Hat sie sich entschlossen, das Kind abzugeben, fragt sie meist von sich aus nach einer Sterilisation. Sie weiß nun, wie anstrengend es ist, ein Kind zu haben.

Es gibt viele geistig behinderte Mütter, die mit ihrem Kind gut zurechtkommen. Einige aber schaffen es nur mit unserer Hilfe. Die Versorgung des Kindes klappt nur dann, wenn die Mutter ein wirklich gutes Vertrauensverhältnis zu unseren Mitarbeiterinnen hat. Unsere Fachkräfte sind Sozialpädagoginnen, an die enorm hohe menschliche, fachliche und psychische Anforderungen gestellt werden.

In unseren Heimen gibt es die Möglichkeit, daß die Kinder zwar getrennt von ihren Müttern aufwachsen, trotzdem aber guten Kontakt zu ihnen behalten. Den Müttern bleiben Teilaufgaben. So bringen sie ihr Kind zum Beispiel täglich in den Kindergarten oder zum Schulbus, gehen regelmäßig mit ihm spazieren. Es kommt uns darauf an, die Mutter-Kind-Beziehung so intensiv wie möglich zu gestalten.

Manche Mütter haben das Heim schon verlassen, ihre Kinder wachsen trotzdem bei uns auf. Sie bleiben, bis sie volljährig sind, eine Ausbildung abgeschlossen haben und auf eigenen Beinen stehen können. In unseren Heimen gibt es Trainingswohnungen. Dort können die Jugendlichen das selbständige Leben üben, für sich selber sorgen mit allem, was dazugehört: Einkaufen, Kochen, Putzen, Waschen.

Die Kinder geistig behinderter Mütter sind übrigens nur selten selbst geistig behindert. Im großen und ganzen haben sie wenig Probleme damit, daß ihre Mütter und sie in einem Heim leben. Sie laden sich Freunde ein, die auch gern kommen. Natürlich bemühen wir uns sehr, ihr Selbstwertgefühl zu stärken. In unserem Kindergarten sind zwei Drittel der Plätze mit Kindern »von außen« besetzt, ein Drittel kommt aus dem Heim. Da bilden sich schon die ersten Kontakte und Freundschaften. Kindern haben da sehr viel weniger Vorurteile als Erwachsene, die unsere Einrichtung nicht so genau kennen.

Ich bin der Meinung, daß eine geistige Behinderung eine positive Elternschaft nicht unbedingt ausschließt. Der Kinderwunsch der geistig behinderten Menschen ist verständlich, er soll aber nicht nur dem Gefühl der Unvollkommenheit, der Minderwertigkeit entspringen.

Behinderte Eltern brauchen sehr viel individuelle Förderung und Unterstützung, daher muß für sie zunächst die Anerkennung ihrer Elternschaft spürbar sein. Sie sind dann eher bereit, Beratung und Hilfe anzunehmen und sich auf ihrem Weg mit dem Kind begleiten zu lassen.

Behindertengerechte Sexual- und Verhütungsberatung ist dringend notwendig. Genauso wichtig aber ist, daß behinderte Menschen sich nicht nur um ihrer Anerkennung willen in unerfüllbare Wünsche flüchten, sondern daß sie sich um ihrer selbst willen geliebt und anerkannt wissen – auch ohne Kinder.«

Nachwort

Die Szene im Schwimmbad, die ich am Anfang geschildert habe, war einer der Gründe, dieses Buch zu schreiben. Ich habe seitdem mit vielen Eltern, Betreuern, Lehrern und Experten gesprochen. Ich weiß mittlerweile, daß die Probleme, die ich mit meinem Sohn habe, nichts Außergewöhnliches sind. Käme der Bademeister heute mit der Frage auf mich zu, ob ich wüßte, was mein Sohn da macht, würde ich nicht mehr gleich vor Scham im Boden versinken wollen. Ich wäre vielleicht in der Lage, ihn zu bitten, dem Jungen doch selbst zu sagen, daß er seine Badehose wieder in Ordnung bringen und die Fummeleien lassen soll.

Wir Eltern von geistig behinderten Kindern hören das Gras wachsen. Wir fühlen uns für alles verantwortlich. Und vieles ist uns peinlich, was uns so peinlich gar nicht zu sein braucht. Es ist eben schwierig, mit der Sexualität geistig behinderter Menschen umzugehen. Es ist deshalb so schwierig, weil die Öffentlichkeit über die Sexualität geistig Behinderter nichts weiß. Die Leute kennen unsere Probleme gar nicht, was kein Wunder ist, denn wir reden ja nicht darüber. Gerade das aber ist grundverkehrt. Nur wenn man miteinander spricht, sich und andere informiert, stellt man fest, daß es durchaus Verständnis und Hilfsbereitschaft gibt.

Es ist mir nicht schwergefallen, GesprächspartnerInnen für die Protokolle im ersten Teil des Buches zu finden. Es sind Frauen aus meinem Bekanntenkreis, die sich für mein Buchvorhaben interessierten und mich dabei unterstützen wollten. Ich danke ihnen für ihre Hilfe und ihr Vertrauen.

Mir ist allerdings passiert, worüber Journalisten häufig klagen: Man macht ein gutes Interview, schreibt es und läßt den Text vom Interviewten gegenlesen. Das gebietet oft, wenn auch nicht immer, die journalistische Sorgfaltspflicht. Ich habe in meinem Buch nichts veröffentlichen wollen, was andere Menschen bloßstellt oder sie verletzt. So habe ich ein Protokoll zurückgezogen, weil die Mutter mit der Veröffentlichung nicht einverstanden war. Sie hatte mir sehr vertrauensvoll von der ersten Liebe und der Sterilisation ihrer Tochter berichtet und wollte das nun doch nicht mehr schwarz auf weiß sehen. In einem anderen Protokoll habe ich eine Passage gestrichen. Dort war vom sexuellen Mißbrauch eines Mädchens durch einen Freund der Familie die Rede. Die Eltern der jungen Frau wissen vielleicht nichts davon und sollen – so der Wunsch meiner Gesprächspartnerin – auch nicht durch ein Buch davon erfahren.

Ich habe an alle großen Behindertenverbände geschrieben und mich erkundigt, welche Lebens- und Wohnmöglichkeiten es für geistig behinderte Menschen gibt. Mich interessierte besonders, ob Frauen und Männer dort als Paare zusammenleben können. Ich erhielt von der »Lebenshilfe«, vom »Deutschen Roten Kreuz«, vom »Collegium Augustinum«, vom »Paritätischen Wohlfahrtsverband«, vom »Diakonischen Werk« Informationsmaterial und Unterstützung, konnte Einrichtungen besuchen und mit den Leitern sprechen. Ich danke allen, die sich für mich Zeit genommen haben und mir Rede und Antwort standen. In den meisten Einrichtungen der von mir angeschriebenen Verbände können Frauen und Männer übrigens selbstverständlich zusammenleben, wenn sie das wollen, was nach Auskunft des Generalsekretariats des Deutschen Roten Kreuzes weniger häufig vorkommt, als man vermutet.

Ich bin häufig nach meinem eigenen Standpunkt zur Sterilisation gefragt worden. Meine Antwort: Ich würde eine Sterilisation nur befürworten, wenn ein geistig behinderter

Mensch wirklich einen Partner gefunden hat und alles darauf hinweist, daß er mit ihm/ihr auch schlafen will und kann und keine andere Verhütungsmethode in Frage kommt.

»Sie haben gut reden. Sie haben ja einen Sohn. Bei einer Tochter wäre Ihre Einstellung sicher anders« – das höre ich oft, wenn ich meinen Standpunkt vertrete. Mag sein. Trotzdem lehne ich Sterilisation »für alle Fälle« und »sicherheitshalber« ab. Und vor sexuellem Mißbrauch oder besser: dessen Folgen schützt auch die Sterilisation nicht. Fachleute warnen sogar, daß in einigen (hoffentlich seltenen) Fällen die Sterilisation als eine Art Freibrief für folgenlosen Mißbrauch aufgefaßt werden könnte.

Ich weiß, auch eine Abtreibung ist ein körperlich und seelisch belastender Eingriff ... Ich gebe zu, daß ich die Frage »Sterilisation – ja oder nein?« nicht beantworten kann. Aber das kann so pauschal wohl niemand. Das muß immer im Einzelfall entschieden werden. Vielleicht – so hoffe ich – kann dieses Buch Entscheidungshilfen geben. Ich danke Herrn Professor Joachim Walter für seine Unterstützung und allen Experten, die die einzelnen Kapitel gegengelesen und auf ihre Richtigkeit überprüft haben.

Literaturempfehlungen

Fachliteratur

Sexualität und geistige Behinderung, hrsg. von Prof. Joachim Walter, Edition Schindele, Heidelberg.

In diesem Sammelband nehmen führende Fachleute (Mediziner, Psychologen, Juristen, Theologen) Stellung zu Partnerschaft, Liebe, Sexualität geistig Behinderter. Dabei geht es um die Pubertät, um Verhütungsmethoden, Sterilisation und juristische Aspekte. Ein Teil des Buches beschäftigt sich ausführlich mit der Aufklärung geistig behinderter Erwachsener. Eine Diplom-Psychologin berichtet über den Verlauf von Selbsterfahrungsgruppen geistig behinderter Menschen und über ihre eigene Ratlosigkeit nach solchen Sitzungen. Das Buch erschien 1983 und war zwei Jahre danach schon vergriffen. Die vierte, erweiterte Auflage gibt es seit 1996. Die Texte sind aktuell, gründlich, vielseitig und gut zu lesen.

Schwangerschaftsverhütung bei Menschen mit geistiger Behinderung – notwendig, möglich, erlaubt? hrsg. von Therese Neuer-Miebach und Heinz Krebs, Band 18, Große Schriftenreihe der »Lebenshilfe«, Marburg.

Der Band enthält Diskussionsergebnisse und Referate einer Fachtagung, die 1987 stattfand. Themen waren Sexualität und Partnerschaft im Leben geistig behinderter Menschen, die Anwendung von Verhütungsmitteln und Sterilisation, Sexualerziehung und rechtspolitische Überlegungen zu diesen Bereichen. Im Anhang wird ein Diskussionspapier der »Lebenshilfe« veröffentlicht, an das sich das Bundesjustizministerium bei der Abfassung des neuen

Betreuungsgesetzes weitgehend gehalten hat. Das Buch ist ein wichtiger Ratgeber für Eltern geistig behinderter Töchter und Söhne.

Sexualpädagogische Arbeitshilfe für geistig behinderte Erwachsene, hrsg. von Annerose Hoyler-Herrmann und Joachim Walter, Edition Schindele, Heidelberg.

Für viele Erzieher und Betreuer ist der Umgang mit geistig behinderten Menschen und deren Problemen nicht einfach, weil sie nicht wissen, wie sie in Einzelfällen vorgehen können. In diesem Buch wird genau erklärt, wie und mit welchen Hilfsmitteln behinderten Menschen Menstruation, Empfängnis, Schwangerschaft, Geburt, aber auch Erektion und Onanie verständlich gemacht werden können. Die Texte sind sehr praxisbezogen, eine wichtige Hilfe für jeden, der mit geistig Behinderten arbeitet.

Wenn ich mit euch reden könnte... von Dietmar Zöller, Scherz Verlag, München.

Dietmar Zöller ist 18 Jahre alt, Autist – und abgesehen von dieser Wahrnehmungsstörung – hochbegabt. Da er früher, außer mit seiner Mutter, die ihn sehr förderte, mit niemandem sprach, schrieb er Briefe an seine Verwandten, später auch an seine Lehrer und Betreuer. Das Buch enthält diese erstaunlich selbstkritischen Briefe, aber auch Gedichte und Reiseberichte. Prof. Dr. Friedrich Specht, der Dietmar schon als Kind behandelt hat, schreibt in seinem Vorwort: »Ich gebe gern zu, daß ich durch das, was Dietmar Zöller berichtet, einiges gelernt habe.«

Dagmar von Dorothee Lehmann, Scherz Verlag, München.

Die Autorin berichtet über das Leben mit ihrer jetzt 23jährigen Tochter, die das Down-Syndrom hat. Sie verschweigt ihre eigenen Enttäuschungen, Zweifel und Niederlagen nicht, schildert das Temperament ihrer Tochter aber so treffend und ohne falsche Sentimentalität, daß man das Buch fast heiter gestimmt und voller Hochachtung für die Autorin, für Dagmar und ihre Familie aus der Hand legt. Auch die Probleme mit der Sexualität werden nicht verschwiegen. Textprobe: »Dann kam die Weihnachtsfeier in der Werkstatt. Meine Mutter und ich lernten Anton kennen, Dagmar wies uns hinten Stühle an und verschwand mit ihrem Anton in der ersten Reihe vor der Bühne, um dort sofort ungeniert mit ihm zu knutschen. Meine Mutter und ich waren völlig fertig! Während ich noch um Fassung rang, zischte meine Mutter ununterbrochen: ›Die lecken sich ja richtig ab!‹ Entsetzlicherweise knutschte sonst niemand, nur Omas Augenstern und Anton, und zwischendurch drehte der Augenstern sich zu uns um und winkte voller Triumph. Statt die Weihnachtsfeier zu genießen, zählten wir Dagmars Küsse ...«

Katherine, Victoria und die anderen von Margarete Mantle, Untertitel: Mitleid brauchen wir nicht. Droemer Knaur, München.

Diesem Taschenbuch vorangestellt ist der Vers: »Alle Kinder Gottes haben ihren Platz im Chor, manche singen tief, und manche singen hoch, einige singen laut in alle Welt hinaus, und ein paar klatschen nur in die Hände ...« Die letzte Zeile ist der Originaltitel des Buches, das aus dem Englischen übersetzt worden ist, »Some just clap their hands«. Margaret Mantle ist eine britische Journalistin, die in Chicago lebt und eine geistig behinderte Tochter hat. Sie schreibt auf sehr direkte und trotzdem sympathisch einfühlsame Weise über ihre Probleme und über die Sorgen der Eltern anderer geistig behinderter Kinder. Sie spricht aus, was viele fühlen, sich aber nicht eingestehen wollen. Wer ein geistig behindertes Kind hat, wird sich in vielen Gedankengängen wiedererkennen und vielleicht sagen: »Ja, genauso ist es!«

Aber auch Leute, die kaum oder gar keinen Umgang mit Behinderten und deren Eltern haben, kommen anhand der sehr gut geschilderten Beispiele zu vielen neuen Erkenntnissen. Für sie wird verständlich, warum Angehörige geistig behinderter Menschen oft so besonders sensibel auf gutgemeinte Ratschläge reagieren, warum sie sich zurückziehen oder sich in erstaunliche Aktivitäten flüchten.

Septemberliebe von Rolf Krenzer, Patmos Verlag, Düsseldorf, Jugendreihe *Brennpunkte*, Band 5.

Hanna, eine 21jährige Frau mit Down-Syndrom, hat sich verliebt, in einen ebenfalls behinderten jungen Mann, den sie in der WfB kennengelernt hat. Welche Chancen gibt es für Hanna und ihre Liebe? Autor Krenzer, hauptberuflich Sonderschuldirektor, schildert den Alltag von Hanna und ihrer Familie lebendig und ohne Effekthascherei. Das liest sich spannend. Wer ein behindertes Kind hat und wer mit Behinderten arbeitet, wird manche Situationen wiedererkennen. Und bei Menschen, die Behinderungen nur vom Hörensagen kennen, kann das Buch Verständnis wecken.

Adressen, die weiterhelfen

Bundesvereinigung
Lebenshilfe für geistig
Behinderte e. V.,
Raiffeisenstr. 18
35043 Marburg
Tel. 06421/491-0,
Fax: 491-167

Deutscher Paritätischer
Wohlfahrtsverband
Heinrich-Hoffmann-Str. 3
60528 Frankfurt
Tel. 069/6706-0,
Fax: 6706-204

Diakonisches Werk der
Evangelischen Kirche in
Deutschland e. V.
Stafflenbergstr. 76
70184 Stuttgart
Tel. 0711/2159-0,
Fax: 2159-288

Deutscher Caritasverband
e. V.
Karlstr. 40
79140 Freiburg
Tel. 0761/200-0,
Fax: 200-572

Deutsches Rotes Kreuz
e. V.
Friedrich-Ebert-Allee 71
53113 Bonn
Tel. 0228/541-1,
Fax: 541-290

Arbeiterwohlfahrt e. V.
Oppelner Str. 130
53119 Bonn
Tel. 0228/66850,
Fax: 6685-209

Bundesarbeitsgemeinschaft
der Clubs Behinderter und
ihrer Freunde e. V.
(BAGcbf)
Eupener Str. 5
55131 Mainz
Tel. 06131/225514,
Fax: 238834

Bundesarbeitsgemeinschaft
Hilfe für Behinderte e. V.
Kirchfeldstr. 149
40215 Düsseldorf
Tel. 0211/310006-0,
Fax: 310006-48

Bundesverband Hilfe für
das Autistische Kind –
Verein zur Förderung
autistischer Menschen e. V.
Bebelallee 141
22297 Hamburg
Tel. 040/5115604,
Fax: 5110813

Bundesverband für Körper-
und Mehrfachbehinderte
e. V.
Brehmstr. 5 - 7
40239 Düsseldorf
Tel. 0211/64004-0,
Fax: 64004-20

Nationale Kontakt- und
Informationsstelle zur
Anregung und
Unterstützung von
Selbsthilfegruppen
Albrecht-Achilles-Str. 65
10709 Berlin
Tel. 030/8914019,
Fax: 8934014

Vereinigung
Integrationsförderung e. V.
(VIF)
Klenzestr. 57
80469 München
Tel. 089/2015466

Felix von Cube

Besiege deinen Nächsten wie dich selbst

Aggression im Alltag.
168 Seiten. SP 1745

»Der Mensch ist keine Graugans«, mit diesem Argument wird die Übertragung verhaltensbiologischer Erkenntnisse auf menschliche Verhaltensweisen von vielen Sozial- und Geisteswissenschaftlern infragegestellt. Der Erziehungswissenschaftler Felix von Cube weist dagegen im vorliegenden Buch nach, daß Aggression ein spontaner Trieb ist, der der natürlichen Veranlagung des Menschen entspricht. Alle traditionellen Moralen konnten die Ausübung von Gewalt nicht verhindern. Wir müssen mit der Aggression leben, es fragt sich nur, wie? Das ist für Felix von Cube der Ausgangspunkt seiner Anleitung zum Umgang mit der dem Menschen innewohnenden Aggression.

Fordern statt Verwöhnen

Die Erkenntnisse der Verhaltensbiologie in Erziehung und Führung. 336 Seiten. SP 949

Der Mensch strebte schon immer nach Verwöhnung, nach Lust ohne Anstrengung. Technik, Wohlstand, Freizeitkonsum machen dies heute möglich. Aggressive Langeweile, Gewalt, Drogenkonsum sind die Folgen. Wir zerstören die Umwelt und uns selbst.

Müssen wir Verzicht üben und Askese? Die Erkenntnisse der Verhaltensbiologie zeigen einen eigenen Weg: Aktivität statt Apathie, Abenteuer statt Langeweile, lustvoller Einsatz natürlicher Energien statt Schonen. Erziehung muß zur Selbstforderung befähigen.

»Für Pädagogen und Führungskräfte von allerhöchster Bedeutung.«
Die höhere Schule

Lust an der Leistung

Die Naturgesetze der Führung.
176 Seiten. SP 2524

Nur wer Spaß an seiner Arbeit hat, kann auf Dauer Gutes leisten. Die Verhaltensbiologie deckt die Bedingungen dafür auf, wie Lust an Leistung entsteht: Triebdynamik und soziale Einbindung müssen stimmen.

Ilse Achilles

»...und um mich kümmert sich keiner«

Die Situation der Geschwister behinderter Kinder. 219 Seiten.
SP 2198

Geschwister behinderter Kinder müssen vieles lernen und können. Oft werden ihnen zu früh und zuviel Pflichten aufgebürdet, Rücksichtnahme und Verantwortung abverlangt. In manchen Familien sind sie nicht nur Spielgefährten, Babysitter und Freund des behinderten Geschwisters, sondern auch sein Pfleger, Lehrer, Co-Therapeut und Dolmetscher. Ilse Achilles läßt Geschwister selbst zu Wort kommen und ihre Erfahrungen schildern. Sie zeigt auf, was Eltern tun können, um ihre nicht-behinderten Kinder weder zu vernachlässigen, noch zu überfordern. Und sie macht deutlich, daß das Leben mit behinderten Geschwistern auch eine Bereicherung sein kann.

»Manchmal möchte ich sagen: Mutti, ich bin auch noch da. Aber das mach ich nicht, ich will mich ja nicht in den Vordergrund drängen. Die Mama muß halt mehr mit Martin machen, weil er eben mehr Hilfe braucht als ich.«

Anne-Marie, ihr Bruder ist Autist

»Von mir wurde immer Rücksicht, Verständnis, Verzicht erwartet. Ich mußte leise sein, weil jedes Geräusch Daniel erschreckte. Ich mußte im Schlepptau mit, wenn Mutter mit Daniel zur Sprachtherapie, zur Krankengymnastik, zum Arzt fuhr. Irgendwie waren wir immer seinetwegen unterwegs.«

David, sein Bruder ist geistig behindert

SERIE PIPER

Joachim Gneist

Wenn Haß und Liebe sich umarmen

Das Borderline-Syndrom.
242 Seiten. SP 2333

Menschen, die am Borderline-Syndrom leiden, sind zerrissen von widersprüchlichen, sich gegenseitig ausschließenden Gefühlen und Strebungen. Sie leben ständig in Hochspannung, können sich nicht hinreichend nach außen abgrenzen. Borderline-Menschen verzehren sich nach Nähe und Wärme, aber dem Nächsten, der liebevoll auf sie zukommt, schleudern sie Wut und Haß entgegen. Sie sind unfähig, einen roten Faden durch ihren Alltag zu legen, einen Lebensplan zu entwerfen, Identität zu entwickeln.

»Das Buch hebt sich in Aufbau und Sprache erfreulich ab von den üblichen Psycho-Ratgebern. Es macht bewußt, wie unscharf die Grenze doch ist zwischen gesund und krank.«
Psychologie heute

Silvano Arieti

Schizophrenie

Ursachen, Verlauf, Therapie, Hilfen für Betroffene. Aus dem Amerikanischen von Brigitte Stein. Mit einem Vorwort von Asmus Finzen. 252 Seiten.
SP 713

Die Wahrscheinlichkeit, an Schizophrenie zu erkranken, ist genauso wie bei Diabetes – sie liegt bei einem Prozent. Im Gegensatz zu anderen Krankheiten haftet ihr jedoch immer noch der Ruch des Unheilbaren an. Dabei ist eine erfolgreiche Behandlung der Schizophrenie möglich. Silvano Arieti gibt allgemeinverständlich und umfassend Auskunft über den Forschungsstand zur Schizophrenie: Was kann geheilt werden und was nicht? Wie sehen die Anzeichen einer beginnenden Schizophrenie aus? Wie verlaufen die einzelnen Stadien der Krankheit, welche Ursachen hat sie, und welches sind die wichtigsten Behandlungsmethoden?

Andreas Flitner

Konrad, sprach die Frau Mama...
Über Erziehung und Nicht-Erziehung. 173 Seiten. SP 357

»Flitner bietet eine bewundernswert sensible und gescheite Auseinandersetzung mit der Anti-Pädagogik, er sitzt weder auf dem hohen Roß seiner Wissenschaft noch in den Polstern jener Retourkutsche, aus der die vollmundige Parole ›Mut zur Erziehung‹ schallt. Sein knapp und lesbar gehaltenes Buch ersetzt Regale von erziehungswissenschaftlicher Literatur. Der ersehnte Leitfaden im Labyrinth der Erziehungsprobleme – hier ist er.«
Süddeutsche Zeitung

Reform der Erziehung
Impulse des 20. Jahrhunderts. Jenaer Vorlesungen. Mit einem Beitrag von Doris Knab. 252 Seiten. SP 1546

Erziehung hat sich in diesem Jahrhundert verändert wie nie zuvor. Die Veränderungen sind Antworten auf veränderte Lebenswelten und eine veränderte Öffentlichkeit, auf den Wandel der Technik, der Wirtschaft und der Moral.

Spielen – Lernen
Praxis und Deutung des Kinderspiels. 137 Seiten. SP 22

Das Kinderspiel – eine elementare Erscheinung aller Zeiten und aller Kulturen – verdient als Welterfahrung heute ein besonderes Interesse. Dieses Buch, ein Standardwerk für Pädagogen und Eltern, erscheint hier in einer neuen Fassung. Es wurde nicht nur der jetzige Stand der Spielforschung verarbeitet, sondern ein neuer Teil hinzugefügt, der die Praxisprobleme heutiger Erziehung behandelt: Mädchen- und Jungenspiele, Kriegs- und Kampfspiele, Spielzeugqualität, Technik- und Computerspiele, Spielen in der Schule, Spiele ohne Sieger u.a.m.

Einführung in pädagogisches Sehen und Denken
Texte. Herausgegeben von Andreas Flitner und Hans Scheuerl. 248 Seiten. SP 322

Autorität und Gehorsam, Leistungsforderung und Spontaneität, Überforderung und Nachgiebigkeit, Anpassung und Widerstand sind immer wiederkehrende Themen der Erziehung.

SERIE
PIPER

Erving Goffman

Wir alle spielen Theater

*Die Selbstdarstellung im Alltag.
Aus dem Amerikanischen von
Peter Weber-Schäfer. Vorwort von
Ralf Dahrendorf. 256 Seiten.
SP 312*

An verblüffenden Beispielen zeigt der Soziologe Goffman in diesem Klassiker das »Theater des Alltags«, die Selbstdarstellung, wie wir alle im sozialen Kontakt, oft nicht einmal bewußt, sie betreiben, vor Vorgesetzten oder Kunden, Untergebenen oder Patienten, in der Familie, vor Kollegen, vor Freunden.

Erving Goffman gibt in diesem Buch eine profunde Analyse der vielfältigen Praktiken, Listen und Tricks, mit denen sich der einzelne vor anderen Menschen möglichst vorteilhaft darzustellen sucht. Goffman wählt dazu die Perspektive des Theaters. Wie ein Schauspieler durch seine Handlungen und Worte, durch Kleidung und Gestik, angewiesen von einer unsichtbaren Regie, einen bestimmten Eindruck vermittelt, so inszenieren einzelne und Gruppen im Alltag »Vorstellungen«, um Geschäftspartner oder Arbeitskollegen von den eigenen echten oder vorgetäuschten Fähigkeiten zu überzeugen. Daß dies nichts mit Verstellung zu tun hat, sondern ein notwendiges Element des menschlichen Lebens ist, macht Goffman anschaulich und überzeugend klar.

»Die soziale Welt ist eine Bühne, eine komplizierte Bühne sogar, mit Publikum, Darstellern und Außenseitern, mit Zuschauerraum und Kulissen, und mit manchen Eigentümlichkeiten, die das Schauspiel dann doch nicht kennt ... Goffman geht es ... um den Nachweis, daß die Selbstdarstellung des einzelnen nach vorgegebenen Regeln und unter vorgegebenen Kontrollen ein notwendiges Element des menschlichen Lebens ist. Der Sozialwissenschaftler, der dieses Element in seine Begriffe hineinstilisiert – Rolle, Sanktion, Sozialisation usw. –, nimmt nur auf, was die Wirklichkeit ihm bietet ... Soziologie macht das Selbstverständliche zum Gegenstand der Reflexion.«
Ralf Dahrendorf

Hans Jellouschek

»Warum hast du mir das angetan?«

Untreue als Chance. 191 Seiten.
SP 2465

Wenn einer von beiden fremdgeht und der andere das erfährt, erlebt der Betrogene einen Schock, einen Bruch des Vertrauens und fühlt dann meistens nur noch, daß alles zu Ende ist... Daß ein Seitensprung keineswegs der Tod der Beziehung sein muß, daß diese Situation viele Chancen für einen neuen und gemeinsamen Aufbruch birgt, beschreibt der Therapeut Hans Jellouschek in diesem Buch am Beispiel von drei Paaren, die es anders machen. Untreue kann auch als »kritisches Lebensereignis« gewertet werden, das alle herausfordert, alte, eingefahrene Gleise zu verlassen und zu neuen Ufern aufzubrechen. Durch den Seitensprung nämlich werden oft zum ersten Mal wichtige Themen des Paares und seiner Beziehung angesprochen, die bisher unter den Teppich gekehrt wurden. Jellouschek plädiert gegen schnelle »Alles-oder-nichts-Lösungen«, wohl aber für einen langen Atem, Geduld und viel Toleranz.

»Kann ein Seitensprung gut sein für die Beziehung? Hans Jellouschek meint ja. Er glaubt, daß das Ausbrechen eines Partners aus der Ehe ein ›Aufbruch in ein unbekanntes Land‹ ist, das ein ›gelobtes Land‹ sein kann, ›wenn alle Beteiligten sich den Erfahrungen ehrlich stellen, die sie auf dem Weg machen werden‹. Das wird bei manchen Betroffenen ungläubiges Kopfschütteln auslösen. In seinem Buch erklärt der Theologe und Eheberater jedoch, warum man eine solche Krise als Auffoderung zum Wandel betrachten und wie man das beste daraus machen kann...
Die Stärke des Buches zeigt sich da, wo der Autor auf seine langjährigen Erfahrungen als Therapeut zurückgreift, nämlich bei den Lösungsvorschlägen.«

Psychologie heute

SERIE
PIPER

SERIE PIPER

Rosmarie Welter-Enderlin

Paare – Leidenschaft und lange Weile

Frauen und Männer in Zeiten des Übergangs. 336 Seiten. SP 2164

Der Anspruch auf Gleichberechtigung von Frauen und Männern stellt auch – oder gerade – die Beziehungen zwischen den Geschlechtern auf die Probe. Daß es dabei häufiger kriselt als im herkömmlichen Eheschema unserer Eltern und Großeltern, ist kein Wunder.

Krisen gehören zu jeder lebendigen Paarbeziehung, wenn die Liebe nicht zur leeren Form erstarren soll. Sie sind Vorboten von fälligem Wandel, für die wir eigentlich dankbar sein müßten. Wer aber mittendrin steckt, wünscht sie zum Kukkuck und sehnt sich zurück nach der »guten alten Zeit«, als Mann und Frau noch wußten, wo sie hingehörten und nicht jeden Morgen die moderne Frage beantworten mußten: Bleiben wir in der Beziehung, weil wir glücklich sind – oder einfach aus Gewohnheit? Hier geht es nicht um simple Reparaturmodelle für Beziehungskonflikte; die Autorin sucht vielmehr die vielfältigen Entwicklungschancen für das Zusammenleben von Mann und Frau in der Auseinandersetzung mit historisch und biographisch gewachsenen inneren Leitbildern und äußeren Strukturen – so wenn sie etwa dazu auffordert, die herrschenden Bilder von »Männlichkeit« und »Weiblichkeit« aufzuweichen und individuell neu zu bestimmen.

Die hier versammelten Fallbeispiele zeigen, wie Menschen ihre Lebensläufe neu definieren können, wenn sie in der Lage sind, eingefahrene Wege zu verlassen.

»Die Schweizer Familientherapeutin hat 33 Paare, die vor Jahren bei ihr zur Beratung waren, gefragt, wie sie sich inzwischen entwickelt haben, und ihre Berichte aufgeschrieben. Hier werden ›Fälle‹ nicht in Ratgebermanier über einen Kamm geschoren, sondern individuell ausgeleuchtet. Wer sich darauf einläßt, bekommt Denkanstöße für den eigenen Weg.«

Brigitte

Barbara Dobrick

Abschied von den Kindern
Loslassen und sich neu begegnen.
261 Seiten. SP 2305

Die normalen Probleme der Ablösung von Eltern und Kindern sind bekannt: In der Pubertät werden Söhne und Töchter schwierig, irgendwann ziehen sie aus, sie brauchen eine Phase der inneren Distanzierung, die meistens heftige Auseinandersetzung bedeutet. Irgendwann wollen und müssen sie selbst über ihr Leben bestimmen. Heute aber ist das Problem der Ablösung in einer Weise verschärft, die viele Eltern verzweifeln läßt: Ihre Kinder sind voller Ablehnung, Groll, Schuldzuweisungen, Vorwürfe, oft überhaupt nicht bereit, ein eigenes Leben anzufangen.

Barbara Dobrick, die alle Facetten dieses besonderen Generationen-Konflikts unserer Zeit beschreibt, ermutigt Eltern, den Abschied von ihren Kindern bewußter zu erleben, sich den Auseinandersetzungen offener zu stellen und – heute ein verbreitetes Phänomen – sich nicht auf Dauer in die Defensive drägen zu lassen von den Vorwürfen der Söhne und Töchter, von der eigenen Unsicherheit, den eigenen Schuldgefühlen, Ängsten und Wünschen. Sie plädiert für ein neues Selbtbewußtsein der Eltern und zeigt, daß Selbstachtung und Respekt vor dem anderen gleichermaßen wichtig sind für die Entwicklung neuer Möglichkeiten, einander zu begegnen.

»Fazit des Buches – und Bilanz vieler Eltern, die erwachsene Kinder haben: Es gibt eine Phase im Leben der Töchter und Söhne, da können die Erziehungsberechtigten eigentlich nur alles falsch machen. Zuviel Verständnis wird zurückgewiesen, Nachgiebigkeit als Hilflosigkeit verachtet, Strenge oder auch nur Abgrenzung führt zu Dauerkrächen. Bemerkenswert ist, wie groß heutzutage die Bereitschaft der Eltern ist, alle Schuld auf sich zu nehmen.«

Deutsches Allgemeines Sonntagsblatt